プリント形式のリアル過去問で本番の臨場感！

鹿児島県

鹿児島修学館中学校

2025年春受験用

解答集

本書は，実物をなるべくそのままに，プリント形式で年度ごとに収録しています。
問題用紙を教科別に分けて使うことができるので，本番さながらの演習ができます。

■　収録内容

・解答集（この冊子です）

書籍ＩＤ番号，この問題集の使い方，最新年度実物データ，リアル過去問の活用，
解答例と解説，ご使用にあたってのお願い・ご注意，お問い合わせ

・2024（令和６）年度　～　2021（令和３）年度　学力検査問題

JN132043

○は収録あり

	年度	'24	'23	'22	'21		
■ 問題(前期)		○	○	○	○		
■ 解答用紙		○	○	○	○		
■ 配点		○	○	○	○		

算数に解説
があります

注)国語問題文等非掲載:2023年度の1, 2021年度の1

問題文などの非掲載につきまして

著作権上の都合により，本書に収録している過去入試問題の本文や図表の一部を掲載しておりません。ご不便をおかけし，誠に申し訳ございません。

本文の一部を掲載できなかったことによる国語の演習不足を補うため，論説文および小説文の演習問題のダウンロード付録があります。弊社ウェブサイトから書籍ＩＤ番号を入力してご利用ください。

なお，問題の量，形式，難易度などの傾向が，実際の入試問題と一致しない場合があります。

教英出版

■ 書籍ＩＤ番号

入試に役立つダウンロード付録や学校情報などを随時更新して掲載しています。
教英出版ウェブサイトの「ご購入者様のページ」画面で，書籍ＩＤ番号を入力してご利用ください。

書籍ＩＤ番号　103446

（有効期限：2025年9月30日まで）

【入試に役立つダウンロード付録】
「要点のまとめ(国語／算数)」
「課題作文演習」ほか

■ この問題集の使い方

年度ごとにプリント形式で収録しています。針を外して教科ごとに分けて使用します。①片側，②中央のどちらかでとじてありますので，下図を参考に，問題用紙と解答用紙に分けて準備をしましょう（解答用紙がない場合もあります）。

針を外すときは，けがをしないように十分注意してください。また，針を外すと紛失しやすくなりますので気をつけましょう。

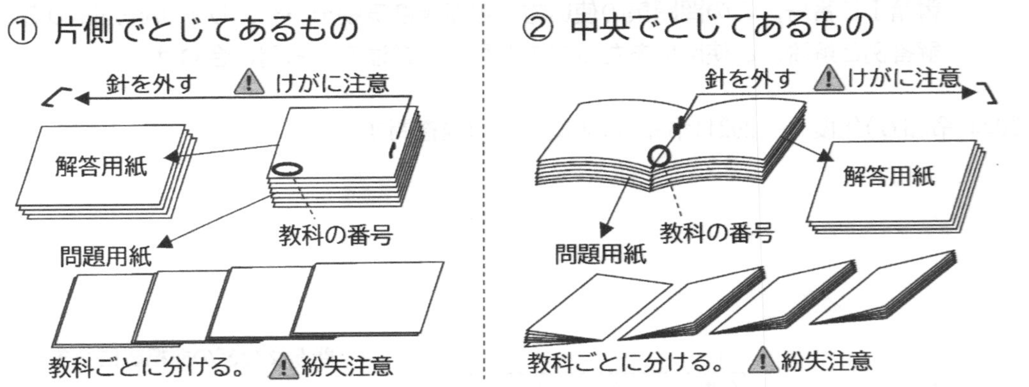

※教科数が上図と異なる場合があります。
解答用紙がない場合や，問題と一体になっている場合があります。
教科の番号は，教科ごとに分けるときの参考にしてください。

■ 最新年度 実物データ

実物をなるべくそのままに編集していますが，収録の都合上，実際の試験問題とは異なる場合があります。実物のサイズ，様式は右表で確認してください。

問題用紙	Ｂ４片面プリント
解答用紙	Ｂ４片面プリント

リアル過去問の活用

～リアル過去問なら入試本番で力を発揮することができる～

本番を体験しよう！

問題用紙の形式（縦向き / 横向き），問題の配置や余白など，実物に近い紙面構成なので本番の臨場感が味わえます。まずはパラパラとめくって眺めてみてください。「これが志望校の入試問題なんだ！」と思えば入試に向けて気持ちが高まることでしょう。

入試を知ろう！

同じ教科の過去数年分の問題紙面を並べて，見比べてみましょう。

①　問題の量

毎年同じ大問数か，年によって違うのか，また全体の問題量はどのくらいか知っておきましょう。どのくらいのスピードで解けば時間内に終わるのか，大問ひとつにかけられる時間を計算してみましょう。

②　出題分野

よく出題されている分野とそうでない分野を見つけましょう。同じような問題が過去にも出題されていることに気がつくはずです。

③　出題順序

得意な分野が毎年同じ大問番号で出題されていると分かれば，本番で取りこぼさないように先回りして解答することができるでしょう。

④　解答方法

記述式か選択式か（マークシートか），見ておきましょう。記述式なら，単位まで書く必要があるかどうか，文字数はどのくらいかなど，細かいところまでチェックしておきましょう。計算過程を書く必要があるかどうかも重要です。

⑤　問題の難易度

必ず正解したい基本問題，条件や指示の読み間違いといったケアレスミスに気をつけたい問題，後回しにしたほうがいい問題などをチェックしておきましょう。

問題を解こう！

志望校の入試傾向をつかんだら，問題を何度も解いていきましょう。ほかにも問題文の独特な言いまわしや，その学校独自の答え方を発見できることもあるでしょう。オリンピックや環境問題など，話題になった出来事を毎年出題する学校だと分かれば，日頃のニュースの見かたも変わってきます。

こうして志望校の入試傾向を知り対策を立てることこそが，過去問を解く最大の理由なのです。

実力を知ろう！

過去問を解くにあたって，得点はそれほど重要ではありません。大切なのは，志望校の過去問演習を通して，苦手な教科，苦手な分野を知ることです。苦手な教科，分野が分かったら，教科書や参考書に戻って重点的に学習する時間をつくりましょう。今の自分の実力を知れば，入試本番までの勉強の道すじが見えてきます。

試験に慣れよう！

入試では時間配分も重要です。本番で時間が足りなくなってあわてないように，リアル過去問で実戦演習をして，時間配分や出題パターンに慣れておきましょう。教科ごとに気持ちを切り替える練習もしておきましょう。

心を整えよう！

入試は誰でも緊張するものです。入試前日になったら，演習をやり尽くしたリアル過去問の表紙を眺めてみましょう。問題の内容を見る必要はもうありません。どんな形式だったかな？受験番号や氏名はどこに書くのかな？…ほんの少し見ておくだけでも，志望校の入試に向けて心の準備が整うことでしょう。

そして入試本番では，見慣れた問題紙面が緊張した心を落ち着かせてくれるはずです。

※まれに入試形式を変更する学校もありますが，条件はほかの受験生も同じです。心を整えてあせらずに問題に取りかかりましょう。

鹿児島修学館中学校

《国　語》

1　問1．A．オ　D．イ　　問2．ウ　　問3．最終的な目標　　問4．幸福とは何か　　問5．何を快いと感じるかは人によって違う上に、快・不快の判定基準をどこに置くかという問題もあるから。　　問6．ウ　　問7．ア

2　問1．ウ　　問2．イ　　問3．エ　　問4．ア　　問5．内心では香奈枝と分かれてほっとしているが、それをさとられないように残念そうにふるまう演技。　　問6．Ⅰ．わがままで気まぐれ　Ⅱ．苛立ったり、疲れる
問7．香奈枝に巻き込まれたくない、ふりまわされるのはまっぴらだとあるように、気の合わない形だけの友達ではなく、気持ちの通じ合う親友と毎日楽しく過ごしている姿。

3　問1．(1)はぐく　(2)へ　(3)ひめい　(4)きょうり　(5)てんこ　(6)構　(7)機会　(8)複雑　(9)省　(10)勤務
問2．(1)ウ　(2)エ　(3)イ　(4)ア　　問3．(1)イ　(2)ウ　(3)ア

《算　数》

1　(1)359　(2)3120　(3)36　(4)16.6　(5)2.06　(6)$\frac{1}{3}$　(7)$\frac{1}{4}$　(8)1

2　(1)6.95　(2)15　(3)5.2　(4)12　(5)32　(6)152　(7)2400　(8)90　(9)170　(10)4

3　(1)6　(2)75　(3)108　(4)53.68　(5)32　(6)1884

4　(1)28　(2)45　(3)63

《理　科》

1　(1)高さ1.5mくらいの芝生の上で風通しの良い場所。　(2)ウ
(3)右グラフ　(4)エ　(5)①化石燃料　②二酸化炭素　③台風

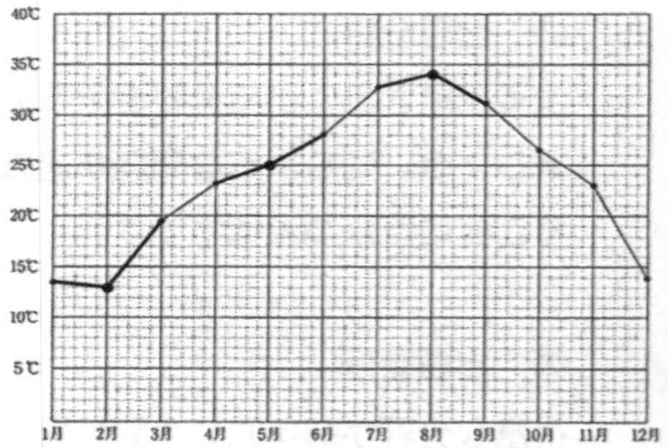

2　(1)青紫　(2)葉ア…変化なし〔別解〕褐色　葉イ…青紫色
(3)次の日の朝8時にアルミニウムはくをはがして，5時間日光に当て，再びアルミニウムはくで包んで，次の日の午後1時に切り取った。
(4)ヨウ素液の色の変化はなし〔別解〕褐色のまま

3　(1)ア，エ　(2)比例している。　(3)①24　②120
(4)A．80　B．120　(5)125　(6)30

《社　会》

1　問1．1．アフリカ　2．インド洋　3．赤道　　問2．トレーサビリティ　　問3．ウ　　問4．イスラム
問5．イ　　問6．鉄鉱石を船舶で輸入し，これらを製品に加工して輸出しているから。

2　問1．イ　　問2．(1)ダム　(2)(水力)発電をすること。　　問3．水がしみこみやすいシラスがあつく積もっており，地下水が深いところにあるから。　　問4．エ　　問5．ウ→エ→オ→イ→ア
問6．浴槽に水をためておく。／携帯トイレを準備しておく。などから1つ

3　問1．1．守護　2．オランダ　3．隋　　問2．参勤交代　　問3．あぜくらづくり　　問4．エ　　問5．イ
問6．土地の面積やよしあし，そこからの予想される生産高を調べて，耕作者とともに検地帳に記入した。
問7．C→D→A→E→F→B

4　問1．広島　　問2．平和主義〔別解〕戦争放棄　　問3．ア　　問4．(1)参議院　(2)二つの議院で，より慎重に話し合うことができるから。　　問5．(1)イ　(2)エ　　問6．ア

1 (3) 与式$=6\times6=$**36**　(4) 与式$=28.7-12.1=$**16.6**

(6) 与式$=\frac{12}{42}+\frac{9}{42}-\frac{7}{42}=\frac{14}{42}=\mathbf{\frac{1}{3}}$　(7) 与式$=\frac{3}{10}\div\frac{6}{5}=\frac{3}{10}\times\frac{5}{6}=\mathbf{\frac{1}{4}}$

(8) 与式$=\frac{5}{3}\div\frac{10}{9}-\frac{1}{2}=\frac{5}{3}\times\frac{9}{10}-\frac{1}{2}=\frac{3}{2}-\frac{1}{2}=\frac{2}{2}=$**1**

2 (1) 小数第２位が５以上であれば切り上げるので，求める数は**6.95**である。

(2) **【解き方】樹形図をかいて考える。**

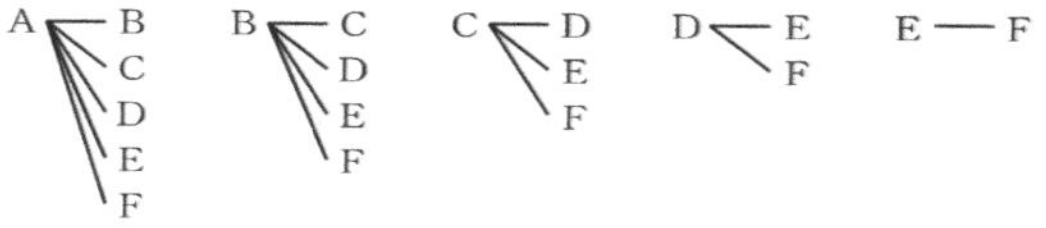

６チームをA，B，C，D，E，Fとして樹形図をかくと右のようになるので，試合数は**15**試合である。

(3) 2.6 km＝(2.6×1000) m＝2600m＝(2600×100) cm＝260000 cmである。よって，縮尺$\frac{1}{50000}$の地図上では，$260000\times\frac{1}{50000}=$**5.2**(cm)だけ離《はな》れている。

(4) **【解き方】Aさん，Bさん，Cさんの３人の座り方を先に考える。**

Aさん，Bさん，Cさんがこの順に座り方を決めるとすると，Aさんの座り方は左，真ん中，右の３通りあり，その３通りそれぞれに対してBさんの座り方が２通り，Cさんの座り方が１通りある。よって，この３人の座り方は全部で３×２×１＝６(通り)ある。３人が座ったあと，Bさんは右はしか左はしに座ればよいので，座り方は２通りある。したがって，４人の座り方は全部で６×２＝**12**(通り)ある。

(5) **【解き方】分子，分母に同じ数をかけても，約分すればもとの数にもどることを利用する。**

$\frac{7}{8}$は分子が分母から８－７＝１を引いた数であり，分子と分母を４倍すればその差も４倍の１×４＝４になる。よって，この分数は，$\frac{7\times4}{8\times4}=\frac{28}{32}$だから，分母は**32**である。

(6) **【解き方】修さんと妹の身長の比は19：16で，身長の差は24 cmだから，比の数の差の19－16＝３が24 cmにあたる。**

修さんの身長は，$24\times\frac{19}{3}=$**152**(cm)である。

(7) **【解き方】妹がAさんを追いかけている間，２人の間の道のりは１分間に120－60＝60(m)ちぢまる。**

Aさんは午前８時に家を出て，午前８時20分までの20分間で60×20＝1200(m)進んだ。よって，妹がAさんに追いつくのは，妹が出発してから1200÷60＝20(分後)だから，家から120×20＝**2400**(m)の地点である。

(8) １年生女子の人数は，２・３年生女子の合計人数の56.25%だから，２・３年生女子の合計人数は$45\times\frac{100}{56.25}=$80(人)である。よって，２・３年生男子の合計人数は，$80\times\frac{9}{8}=$**90**(人)である。

(9) **【解き方】短針は１時間で360°÷12＝30°進むから，１分間で30°÷60＝$\frac{1}{2}$°進む。長針は１分間に360°÷60＝６°進む。したがって，短針と長針が進む角度の差は１分あたり６°－$\frac{1}{2}$°＝$\frac{11}{2}$°である。**

時刻が10時０分のとき，短針は「10」長針は「12」をさしているから，２本の針がつくる小さい方の角度は30°×２＝60°である。ここから10時20分まで20分進むと，２本の針がつくる角度の差は$\frac{11}{2}$°×20＝110°だけ大きくなり，60°＋110°＝170°となる。170°は180°より小さいから，２本の針がつくる短い方の角は**170°**である。

(10) **【解き方】仕事量の合計を20と16の最小公倍数の80とする。**

Aさんが１日で行う仕事量は80÷20＝４，Bさんが１日で行う仕事量は80÷16＝５だから，Aさんが１人で11日間仕事をすると，残りの仕事量は80－４×11＝36になる。AさんとBさんの１日の仕事量の合計は４＋５＝９だから，残りの仕事を終わらせるのに，あと36÷９＝**４**(日)かかる。

3 ⑴　右図のように，正六角形の対称の軸は，対角線が３本と，向かい合う辺の真ん中の点を結んだ３本の直線があるので，合計**６本**ある。

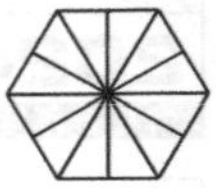

⑵　三角定規は右図のように重なっているから，三角形の内角の和より，

角㋐＝180°－(60°＋45°)＝**75°**

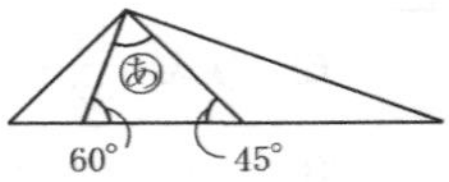

⑶　**【解き方】右図の二等辺三角形ＡＢＣの内角の大きさに注目する。**

正五角形の１つの内角の大きさは，$\frac{180°\times(5-2)}{5}$＝108°だから，

三角形ＡＢＣの内角の和より，角ＢＣＡ＝(180°－108°)÷２＝36°である。

よって，角ＡＣＤ＝角ＢＣＤ－角ＢＣＡ＝108°－36°＝72°

四角形ＦＣＤＧの内角の和より，角㋐＝360°－(72°＋90°×２)＝**108°**

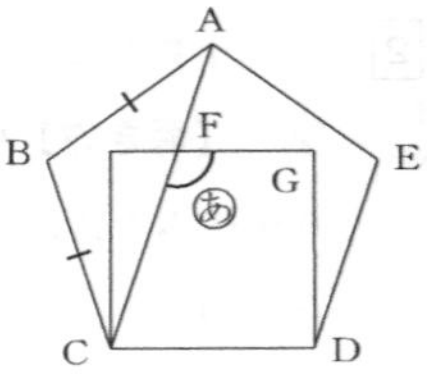

⑷　太線の長さの合計は，直径が８×２＝16(cm)で中心角が90°のおうぎ形の曲線部分の長さと，直径が８cmで中心角が180°のおうぎ形の曲線部分の長さ２つ分と，２本の直線の長さ８×２＝16(cm)を足した値《あたい》である。求める長さは，$16\times3.14\times\frac{90°}{360°}+8\times3.14\times\frac{180°}{360°}\times2+16=(4+8)\times3.14+16=$**53.68(cm)**

⑸　**【解き方】右図のように，三角形アイウを９個の合同な直角二等辺三角形に分ける。**

三角形アイウの面積は，12×12÷２＝72(cm²)

正方形エオカキの面積は，合同な直角二等辺三角形の面積が４個分だから，

$72\times\frac{4}{9}=$**32(cm²)**である。

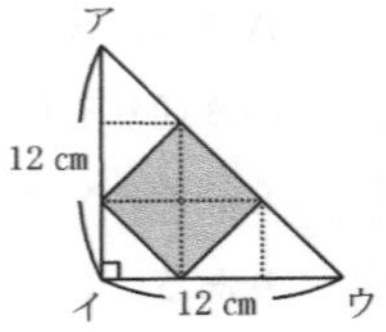

⑹　**【解き方】高さが等しい円柱の容器の体積は，底面積に比例することを利用する。**

容器Ａと容器Ｂの底面積の比は(10×10×3.14)：(５×５×3.14)＝４：１なので，２つの容器に入っている水の高さが等しいとき，その体積の比も４：１になる。よって，容器Ａの容積と容器Ｂに入っている水の体積の比は，(４＋１)：１＝５：１だから，容器Ａから容器Ｂに移した水の量は，$10\times10\times3.14\times30\times\frac{1}{5}=$**1884(cm³)**である。

4 ⑴　**【解き方】１番目，２番目，３番目，…となると，加える石の数は１個，３個，５個，…と２個ずつ増える。**

白石は奇数番目に加えるから，１番目，３番目，５番目，…となると，４個ずつ増えていく。よって，７番目の白石の個数は，１＋５＋９＋13＝**28(個)**

⑵　**【解き方】１番目，２番目，３番目，…となると，白石と黒石の個数の和は１＝１×１(個)，４＝２×２(個)，９＝３×３(個)，…となるから，ｎ番目では(ｎ×ｎ)個となる。**

２回かけると100になる整数は10だから，白石と黒石の個数の和が100個となるのは10番目である。よって，７番目までの白石の個数に９番目の白石の個数を加えればよいから，⑴より，28＋17＝**45(個)**である。

⑶　**【解き方】白石と黒石の個数の和は2024＋2024＝4048(個)だから，⑵より，4048以下の整数のうち，２回かけると4048に最も近くなる整数(Ｍとする)を求める。また，ｎ番目において，白石と黒石の個数の差がｎ個となることに注目する。**

60×60＝3600，70×70＝4900だから，Ｍは60より少し大きく，70未満の数である。さらに具体的に計算すると，63×63＝3969，64×64＝4096となり，Ｍ＝63とわかる。

次に，白石と黒石の個数の差に注目すると，１番目は１－０＝１(個)，２番目は３－１＝２(個)，３番目は６－３＝３(個)，４番目は10－６＝４(個)，…となり，ｎ番目の白石と黒石の個数の差はｎ個になるとわかる。よって，63番目の白石と黒石の個数の差は63個であり，奇数番目では白石の個数の方が多いから，和差算を用いると，白石の個数は(3969＋63)÷２＝2016(個)となる。これは個数が2024個以下という条件に合う。

以上より，もっとも大きな正方形の形を作ることができるのは**63番目**である。

2023 解答例 令和5年度 鹿児島修学館中学校

《国　語》

1 問1．イ　問2．ア　問3．お話は　問4．農業をアグロエコロジーへ転換し、持続可能な社会の基礎とすることで、再評価すること。　問5．例えば、べ　問6．エ

問7．〈作文のポイント〉

・最初に自分の主張、立場を明確に決め、その内容に沿って書いていく。

・わかりやすい表現を心がける。自信のない表現や漢字は使わない。

さらにくわしい作文の書き方・作文例はこちら！→https://kyoei-syuppan.net/mobile/files/sakupo.html

2 問1．エ　問2．ア　問3．親父が苺の数を増やしたのは、誠子と陽菜の分まで稼ぐためだったということ。

問4．少し前の恵介は、苺の味に対して関心がなかったが、今の恵介は苺本来のおいしさに気づいた。

問5．ウ　問6．A．銀河　B．優しく　問7．ア

3 問1．(1)ゆだ　(2)ひき　(3)ようさん　(4)はぐく　(5)もう　(6)絶体絶命　(7)拝　(8)専門家　(9)営　(10)治

問2．①いっちょういっせき／エ　②ごんごどうだん／カ　③いしんでんしん／ア

問3．①上手　②百聞

《算　数》

1 (1)137　(2)4012　(3)10　(4)1.96　(5)1.9　(6)$\frac{3}{5}$　(7)$\frac{7}{16}$　(8)$\frac{1}{3}$

2 (1)28　(2)15　(3)51　(4)124　(5)2.04　(6)5　(7)20　(8)95　(9)$x \times 6 - 4$

(10)ペットボトルに500mL入ったかごしま茶を$\frac{4}{5}$飲みました。お茶を何mL飲みましたか。

3 (1)70　(2)34　(3)4.56　(4)5　(5)378　(6)25

4 (1)7　(2)110　(3)275　(4)20，23

《理　科》

1　(1)アイガモのひなが，イネの葉を食べる虫を食べることで，イネが虫に食われづらくなる。　(2)目的…グリーンカーテンが日差しを吸収し，室内の温度上昇を和らげるため。　記号…エ　(3)１つ目…二酸化炭素を吸収し，酸素を放出する。　２つ目…でんぷんをつくり，直接人間が食べるための食料や，家畜のえさとなる。　(4)種類の異なるホタル同士で競争が起こり，元々いたヘイケボタルが絶滅する可能性が考えられる。／種類の異なるホタル同士で交配し，遺伝子汚染が起こる可能性が考えられる。／ヘイケボタルよりもゲンジボタルの方がたくさんのえさを食べる場合，えさとなる生物の数が急激に減る可能性が考えられる。などから１つ

2　(1)イ　(2)ウ　(3)ウ　(4)ア　(5)エ　(6)太平洋側…ア　日本海側…エ

3　(1)O_3　(2)ウ　(3)石灰水　(4)炭酸水　(5)どうなるか…減少する　理由…温度が上がることにより，気体の運動が激しくなり，液体の粒子から離れて，空気中に気体が出ていくから。　(6)リトマス試験紙を，青色から赤色に変化させることを確かめる。／亜鉛などの金属と反応して，水素を発生させることを確かめる。などから１つ

4　(1)ヒーター／こたつ などから１つ　(2)右グラフ　(3)10
(4)22　(5)ア．短く　イ．太い　(6)26

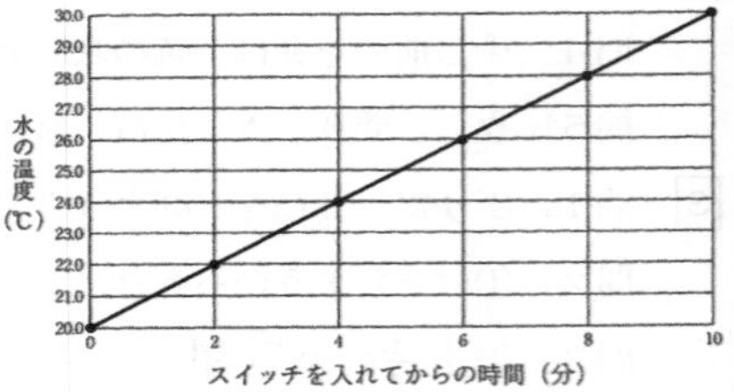

《社　会》

1　問１．輪中　問２．(ア)　問３．１．大陸だな　２．排他的経済水域〔別解〕200海里水域　問４．ＰＯＳ
問５．冬に雪が多く，その間農作業をすることが難しいから。

2　問１．①×　②○　③×　④○　問２．右図　問３．地図帳のページ
問４．∴　問５．(エ)　問６．(1)(ウ)　(2)(エ)

3　問１．１．徳川家光　２．卑弥呼　３．聖徳太子　問２．(1)蘭学　(2)解体新書
問３．(ウ)　問４．将軍が与える領地などのご恩に対して御家人が戦いなどでの奉公を務めることで幕府と御家人の関係が支えられていたが，元を退けた後に幕府が御家人に新しい領地を与えなかったため，御家人の生活が苦しくなり関係がくずれた。　問５．長篠の戦い
問６．(エ)　問７．Ｄ→Ｆ→Ｂ→Ｃ→Ｅ→Ａ

4　問１．１．行政　２．司法　問２．Ａ．(う)　Ｂ．(か)　問３．(ウ)　問４．国の政治を最終的に決定する権利を国民が持つということ。〔別解〕国の政治を決める最高の力が国民にあるということ。　問５．(エ)
問６．裁判に関心をもち，国民の感覚や視点を裁判に生かすため。

1 (3) 与式$=24+4-18=28-18=$**10**

(5) 右の筆算参照

```
       1.9
3.2 ) 6.0.8
      3 2
      2 8 8
      2 8 8
          0
```

(6) 与式$=\frac{22}{30}-\frac{9}{30}+\frac{5}{30}=\frac{13}{30}+\frac{5}{30}=\frac{18}{30}=\mathbf{\frac{3}{5}}$

(7) 与式$=\frac{35}{64}\div\frac{5}{4}=\frac{35}{64}\times\frac{4}{5}=\mathbf{\frac{7}{16}}$

(8) 与式$=\frac{8}{15}-\frac{1}{5}=\frac{8}{15}-\frac{3}{15}=\frac{5}{15}=\mathbf{\frac{1}{3}}$

2 (1) 40 kgの$\frac{70}{100}$だから，$40\times\frac{70}{100}=$**28**(kg)

(2) １試合で１チームの負けが決まる。優勝チーム以外の 15 チームが負けるから，試合数は **15** 試合である。

(3) (木と木の間の数)は(木の本数)より１少ない。木と木の間の数は $100\div2=50$ だから，木の本数は，$50+1=$**51**(本)

(4) 最大公約数を求めるときは，右の筆算のように割り切れる数で次々に割っていき，割った数をすべてかけあわせればよい。よって，96 と 144 の最大公約数は，$2\times3\times8=48$　約数は，1，2，3，4，6，8，12，16，24，48 で，和は，$1+2+3+4+6+8+12+16+24+48=$**124** である。

```
2 ) 96 144
3 ) 48  72
8 ) 16  24
     2   3
```

(5) 気温 15℃だから，音速は，秒速$(3\times\frac{15}{5})$m＝秒速９m速くなり，秒速$(331+9)$m＝秒速 340m である。６秒で音が聞こえたから，かみなりが落ちた場所は教室から $340\times6=2040$(m)，つまり **2.04** kmはなれている。

(6) ６本まとめて２セット買うと，$684\times2=1368$(円)だから，$120\times12-1368=72$(円)安く買えて，$72\div(120\times12)\times100=5$(%)お得である。12 本まとめて買うと $120\times12-1296=144$(円)安く買えて，$144\div(120\times12)\times100=10$(%)お得である。よって，12 本まとめて買う方が６本まとめて買うときより，$10-5=$**5**(%)お得である。

(7) 360 km走るには 15 L のガソリンが必要だから，$1212+132=1344$(km)走るには，$15\times\frac{1344}{360}=56$(L)のガソリンが必要である。よって，途中で追加したガソリンは，$56-36=$**20**(L)

(8) 50 以上 100 未満の整数で，３で割ると２あまり，４で割ると３あまり，５で割り切れる数を求めればよい。３で割ると２あまる数は，３の倍数より１小さい数で，４で割ると３あまる数は，４の倍数より１小さい数だから，３で割ると２あまり，４で割ると３あまる数は，３と４の公倍数より１小さい数である。３と４の最小公倍数は 12 だから，50 以上 100 未満で 12 の倍数より１小さい数を考える。12 の倍数は，60，72，84，96 だから，12 の倍数より１小さい数は，59，71，83，95 である。この中で５で割り切れる数は 95 だから，鉛筆の本数は **95** 本である。

(9) りんごの個数は６箱分より４個少ないから，$\boldsymbol{x\times6-4}$(個)と表すことができる。

(10) 500 g，500mL，500 個，500 本などの$\frac{4}{5}$の量を求める問題が考えやすい。

3 (1) **【解き方】右図のように記号をおく。折り返した図形は合同になることと，平行線の同位角を利用する。**

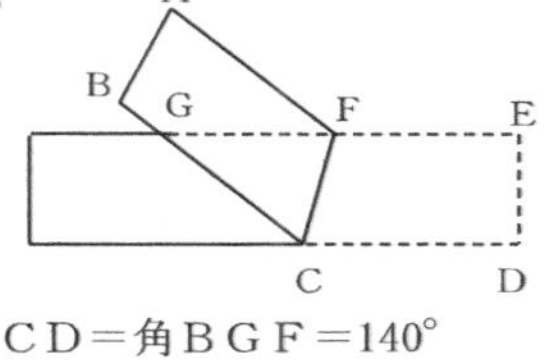

折り返した図形だから，角ＦＣＢ＝角ＦＣＤ　平行線の同位角は等しいから，角ＢＣＤ＝角ＢＧＦ＝140°

よって，角㋐＝140°÷２＝**70°**

(2) **【解き方】正□角形の１つの内角の大きさは，180°×(□－２)÷□になることを利用する。**

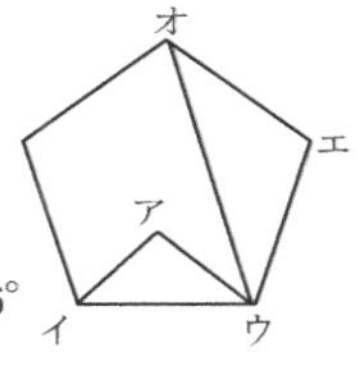

右図のように記号をおく。正五角形の１つの内角の大きさは，180°×(５－２)÷５＝108°である。三角形エオウは，エオ＝エウの二等辺三角形だから，角エウオ＝(180°－108°)÷２＝36°

三角形アイウも二等辺三角形だから，角アウイ＝(180°－104°)÷２＝38°で，角㋐＝108°－(36°＋38°)＝**34°**

⑶　**【解き方】右図のように，ほじょ線をひき記号をおく。求める面積は太線で囲んだおうぎ形から，おうぎ形アと直角二等辺三角形イをのぞいた面積である。**

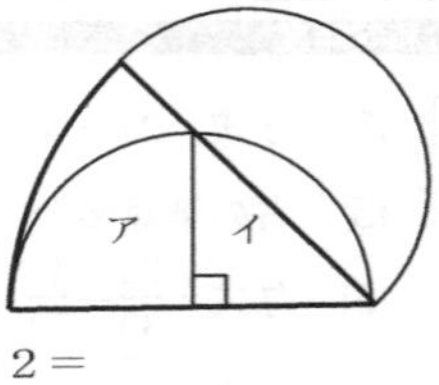

太線で囲んだおうぎ形は半径が８cmで中心角が45度のおうぎ形，おうぎ形アは半径が８÷２＝４(cm)で中心角が90度のおうぎ形，直角二等辺三角形イの直角をはさむ２辺の長さは４cmだから，求める面積は，$8\times8\times3.14\times\frac{45°}{360°}-4\times4\times3.14\times\frac{90°}{360°}-4\times4\div2=$
$8\times3.14-4\times3.14-8=$**4.56**(cm²)

⑷　**【解き方】高さの等しい三角形の面積比は，底辺の長さの比に等しいことを利用する。**

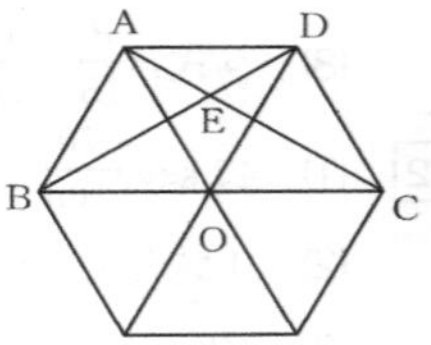

右図のように，ほじょ線をひき記号をおく。三角形ＡＥＤと三角形ＣＥＢは同じ形の二等辺三角形だから，ＤＥ：ＢＥ＝ＡＤ：ＣＢ＝１：２　三角形ＡＢＤと三角形ＡＯＤは底辺をともにＡＤとしたときの高さが等しいから面積が等しく，三角形ＡＯＤの面積は，正六角形の面積の$\frac{1}{6}$で$90\times\frac{1}{6}=15$(cm²)だから，三角形ＡＢＤの面積も15cm²である。三角形ＡＢＤと三角形ＡＥＤは底辺をそれぞれＢＤ，ＥＤとしたときの高さが等しいから，面積比はＢＤ：ＥＤ＝(２＋１)：１＝３：１に等しい。よって，三角形ＡＥＤの面積は，三角形ＡＢＤの面積の$\frac{1}{3}$で，$15\times\frac{1}{3}=$ **5**(cm²)である。

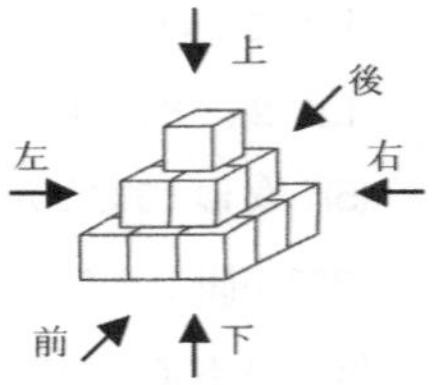

⑸　上下前後左右から見える面の面積の和が表面積である。
上下方向から見える面積は，(３×３)×(３×３)＝81(cm²)，前後左右から見える面積は，１＋２＋３＝６(面分)だから，３×３×６＝54(cm²)　よって，求める表面積は，
81×２＋54×４＝162＋216＝**378**(cm²)

⑹　えがかれた円の円周は，円すいの底面の円周の５倍に等しいから，５×２×3.14×５＝50×3.14(cm)
求める円の半径を□cmとすると，□×２×3.14＝50×3.14となるから，□＝50÷２＝25　　よって，求める円の半径は**25**cmである。

4　⑴　整数は，１段目に２個，２段目に４個，３段目に６個，４段目に８個，…と並ぶから，５段目には10個の整数が並ぶ。左から，65，67，71，73，77，79，83，85，89，91となるから，83は左から**7**番目である。

⑵　５以上の整数は，右図のように，５から６ずつ増える数(下線)と７から６ずつ増える数が交互《こうご》に並んでいる。ともに，□段目に□個ずつあるから，１段目から10段目までに並ぶ整数は，
全部で，(１＋２＋３＋４＋５＋６＋７＋８＋９＋10)×２＝55×２＝**110**(個)

$\underline{5}$　7
$\underline{11}$　13　$\underline{17}$　19
$\underline{23}$　25　$\underline{29}$　31　$\underline{35}$　37
$\underline{41}$　43　$\underline{47}$　49　$\underline{53}$　55　$\underline{59}$　61

⑶　各段の１番左の数は下線の５から６ずつ増える数である。１段目から９段目までに下線の数は，１＋２＋３＋４＋５＋６＋７＋８＋９＝45(個)並ぶから，10段目の１番左の数は，下線の45＋１＝46(番目)の数で，５＋６×(46－１)＝**275**

⑷　(1211－５)÷６＝201より，1211は５に６を201回たした数だから，下線の１＋201＝202(番目)の数である。まず，下線の数にだけ注目すると，下線の数は10段目までに55個並び，55＋11＋12＋13＋14＋15＋16＋17＋18＋19＝190より，19段目までに190個並ぶから，20段目の１番左の数は，190＋１＝191(番目)で，202番目の1211は20段目にあることがわかる。次に全体の順番を考えると，下線の数は全体の奇数番目に並ぶから，下線の○番目は全体の(２×○－１)番目になる。したがって，下線の191番目は全体の２×191－１＝381(番目)，下線の202番目は全体の２×202－１＝403(番目)だから，1211は**20**段目の403－381＋１＝**23**(番目)の数である。

2022 解答例
令和4年度

鹿児島修学館中学校

《国　語》

1 問1．ウ　問2．イ　問3．エ　問4．自分の頭が悪いせいだ　問5．学校の先生や親にムダのない勉強をさせられたり、学習の成果を比べられたりするから。　問6．ウ　問7．自分のペースや方法を見つけることができると勉強が楽しく、面白くなるから。　問8．エ

2 問1．えたいの知れない　問2．エ　問3．イ　問4．遠い時代からやってきた、とびきりレアな言葉たち。
問5．Ⅰ．自由ほんぽう　Ⅱ．みんなとわたしをへだてるなわ　Ⅲ．ア　問6．ア　問7．今まで、だれともつながりをつくりたいと思ったことはなかった留雨が、風香の声を聞きながら、知らないうちに友達と呼べる存在ができたことをうれしく思う気持ち。

3 問1．(1)すこ　(2)てんねん　(3)そうじゅう　(4)はいけん　(5)ふる　(6)展覧　(7)異　(8)朗読　(9)署名　(10)清潔
問2．①いちにちせんしゅう〔別解〕いちじつせんしゅう／イ　②うおうさおう／ア　③はっぽうびじん／オ
問3．①頭　②鼻　③口　④耳

《算　数》

1 (1)359　(2)3600　(3)36　(4)16.6　(5)2.04　(6)$\frac{1}{3}$　(7)$\frac{1}{4}$　(8)$\frac{2}{3}$

2 (1)$\frac{3}{4}$　(2)320　(3)9　(4)$\frac{30}{31}$　(5)160　(6)39　(7)120　(8)69　(9)7
(10)4.8mのリボンがあります。1.2m使いました。残りは何mですか。

3 (1)80　(2)115　(3)20.52　(4)50.24　(5)1　(6)50

4 (1)20　(2)56　(3)404

《理　科》

1 (1)イ　(2)産卵に適しているから。／ハエやクモなどのえさを得やすいから。　(3)右図
(4)別の場所に放すと，そのトンボが生態系のバランスを崩してしまう可能性があるから。

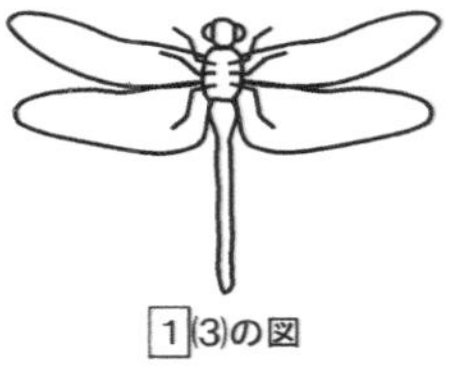
1(3)の図

2 (1)大正3年に起こった桜島の大噴火で，噴出した火山灰や火砕流堆積物に埋まってしまった。
(2)火山灰が降り積もった土地で，適した野菜や果物を栽培する。／地熱発電所　などから1つ
(3)津波　(4)①32　②4　③8　(5)10，26，50

3 (1)酸素　(2)ウ　(3)①5　②4.8　(4)ア，エ，オ

4 (1)イ　(2)ア　(3)赤
(4)右図　(5)右図

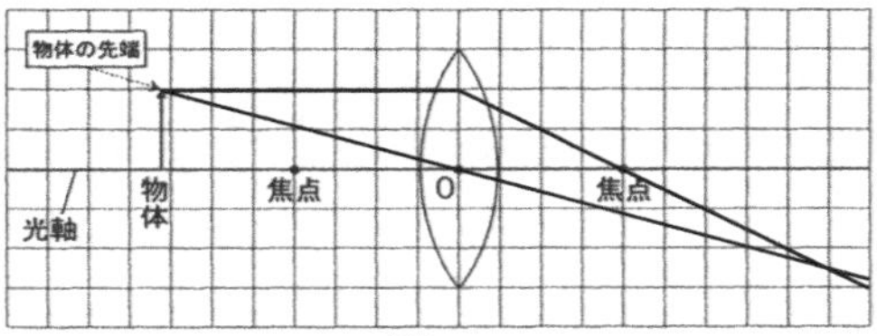

4(4)の図

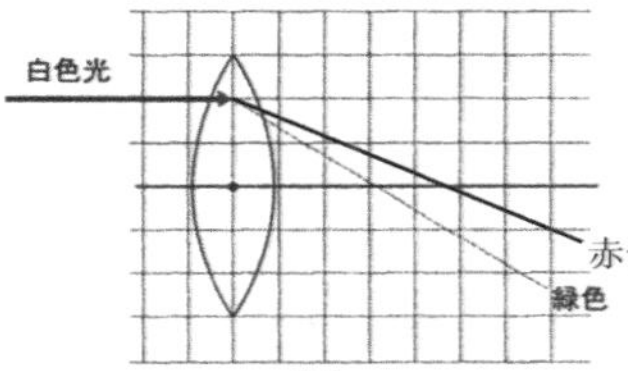

4(5)の図

《社　会》

1　問１．１．ユーラシア　２．ハザードマップ〔別解〕防災マップ　問２．(ア)　問３．記号…(ウ)　理由…鳥取は日本海側の気候であり，冬に降水量が多くなるから。　問４．(ウ)　問５．ＡＩ〔別解〕人工知能

2　問１．A．(ア)　B．(ウ)　C．(イ)　問２．サトウキビ　問３．石油〔別解〕原油　問４．(1)さつまいも　(2)火山灰がたい積した土地であり，水はけがよいから。　問５．(1)地熱　(2)

3　問１．１．北条時宗　２．平清盛　問２．B．(オ)　G．(ア)　問３．調　問４．(イ)　問５．明
問６．武士と百姓の区別が明らかになった。　問７．幕府の許可なく，大名が城を修理することを禁じた。
問８．C→B→G→A→D→E

4　問１．１．国会　２．社会保障　問２．文部科学省　問３．市長　問４．国や県からの補助金〔別解〕市の借金　問５．(1)１．大きく　２．小さく　(2)税金などの負担が重くなるという問題。

【算数の解説】

1　(3)　与式$=6\times6=36$

(4)　与式$=57.6-(28.9+12.1)=57.6-41=16.6$

(6)　与式$=\frac{4}{14}+\frac{3}{14}-\frac{1}{6}=\frac{7}{14}-\frac{1}{6}=\frac{1}{2}-\frac{1}{6}=\frac{3}{6}-\frac{1}{6}=\frac{2}{6}=\frac{1}{3}$

(7)　与式$=\frac{3}{10}\div\frac{6}{5}=\frac{3}{10}\times\frac{5}{6}=\frac{1}{4}$

(8)　与式$=\frac{11}{9}-\frac{5}{9}=\frac{6}{9}=\frac{2}{3}$

2　(1)　**【解き方】ある数は１より大きいため，ある数と１との和と，ある数と１との差は，１＋１＝２離《はな》れている。**
ある数と１との和は$2\frac{3}{4}$だから，ある数と１との差は，$2\frac{3}{4}-2=\frac{3}{4}$

(2)　**【解き方】欠席した８人は，全校生徒の100－97.5＝2.5(％)にあたる。**
全校生徒は，$8\div0.025=320$(人)

(3)　**【解き方】ｎ角形の対角線の公式は$\frac{n\times(n-3)}{2}$本だが，これを説明してみる。**
正六角形の１つの頂点から引ける対角線の本数は，自分自身の頂点と両隣《りょうどな》りの頂点を除いた$6-3=3$(本)である。６つの頂点から対角線を引くと$6\times3=18$(本)になるが，これらの対角線は必ず２回ずつ引いたことになるから，正六角形の対角線の本数は，$18\div2=9$(本)

(4)　**【解き方】$\frac{6}{155}$で割ることと，$\frac{155}{6}$をかけることは同じ意味だから，$\frac{62}{15}$をかけても，$\frac{155}{6}$をかけても答えが整数になる分数を考える。**
$\frac{62}{15}$をかけても$\frac{155}{6}$をかけても答えが整数になる分数は，分子が15と６の公倍数，分母が62と155の公約数になる。分数をできるだけ小さくするには，分子はできるだけ小さく，分母はできるだけ大きくすればよいから，分子は15と６の最小公倍数，分母は62と155の最大公約数にすればよい。15と６の最小公倍数は30，62と155の最大公約数は31だから，求める分数は，$\frac{30}{31}$

(5)　**【解き方】時間と速さは反比例するから，かかる時間が$\frac{15}{40}=\frac{3}{8}$(倍)になると，速さは$\frac{8}{3}$倍になる。**
時速3.6㎞は，分速$(3.6\times1000\div60)$m＝分速60mだから，求める速さは，分速$(60\times\frac{8}{3})$m＝分速160m

(6)　**【解き方】76歳がお父さんとお母さんの年れいの和，51歳がお父さんと修君の年れいの和，49歳がお母さんと修君の年れいの和だから，お父さんとお母さんの年れいの差は51－49＝２(歳)である。**
お父さんの年れいは，$(76+2)\div2=39$(歳)

(7)　【解き方】本のページ数を1とすると，1日目を読み終えた時点の残りは $1-\frac{1}{4}=\frac{3}{4}$ だから，2日目を読み終えた残りのページは，全体の，$\frac{3}{4}\times(1-\frac{1}{2})=\frac{3}{8}$ にあたる。

本のページ数全体の $\frac{3}{8}$ が45ページにあたるから，本のページ数は，$45\div\frac{3}{8}=120$(ページ)

(8)　【解き方】1人に配る本数を増やしたときに必要な鉛筆の本数に注目して，生徒の人数から求めていく。

1人に配る鉛筆の本数を，$6-4=2$(本)増やすと，鉛筆が $21+3=24$(本)必要になるから，生徒の人数は，$24\div2=12$(人)である。よって，鉛筆の本数は，$4\times12+21=69$(本)

(9)　【解き方】式の中に10がいくつできるかを考えるが，$10=2\times5$ で，1～30をかけた中には5よりも2の方が多く含《ふく》まれるから，式の中に含まれる5の個数を数える。

1から30までの整数の中で，5の倍数は $30\div5=6$(個)ある。

$6\div5=1$ 余り1より，1から30までの整数の中で，$5\times5=25$ の倍数は1個ある。

よって，$1\times2\times3\times\cdots\times28\times29\times30$ の中に5は $6+1=7$(個)含まれるから，0は連続して7個並ぶ。

(10)　4.8の数量をもつものから，1.2の数量を「使う」「取り除く」などを使って表現する。

3　**(1)　【解き方】角イの大きさを⑧，角ウの大きさを③として，三角形の内角の和を利用する。**

三角形の内角の和は180°だから，⑧＋③＝⑪は，180°－70°＝110°にあたる。よって，角イ＝110°×$\frac{⑧}{⑪}$＝80°

(2)　【解き方】時計の短針は1分間に0.5°，長針は1分間に6°動く。10時ちょうどのときから考える。

時計は12個の目盛りで等間隔《とうかんかく》に区切られているので，1つの間の角は360°÷12＝30°である。

10時ちょうどのとき，短針は10，長針は12のところを指し示すから，間の角は30°×2＝60°である。1分間に長針は短針より6°－0.5°＝5.5°多く進むから，10時10分のときの，角あ＝60°＋5.5°×10＝115°

(3)　【解き方】右のように作図すれば，半径が6cmの2つの円の重なりは，半径が6cmで中心角が90°のおうぎ形の面積2個分から，1辺の長さが6cmの正方形の面積を引けば求められることがわかる。

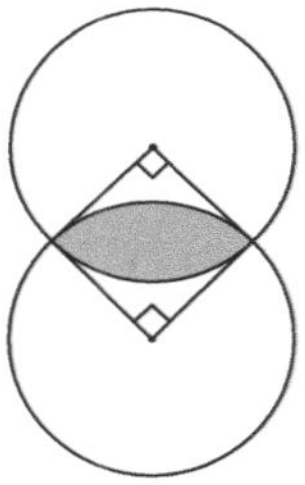

半径が6cmで中心角が90°のおうぎ形の面積2個分は，半径が6cmの半円の面積に等しいから，求める面積は，$6\times6\times3.14\div2-6\times6=36\times1.57-36=36\times(1.57-1)=36\times0.57=20.52$(cm²)

(4)　【解き方】太線部分は，半径が12cmで中心角が60°のおうぎ形の曲線と，直径が12cmの半円の曲線2個分にあたる。

求める長さは，$(12\times2)\times3.14\times\frac{60°}{360°}+12\times3.14\div2\times2=24\times3.14\times\frac{1}{6}+12\times3.14=4\times3.14+12\times3.14=(4+12)\times3.14=16\times3.14=50.24$(cm)

(5)　【解き方】表面上を通るひもの問題では，ひもが通る面の展開図を考える。

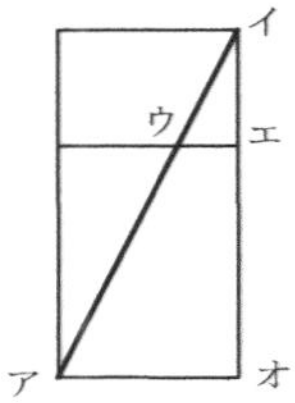

右のように作図すると，ゆるまないようにかけたひもは，アとイに引いた直線アイになる。

このとき，ウエとアオが平行だから，三角形イウエと三角形イアオは，同じ形になる。

辺イエ＝2cm，辺イオ＝2＋4＝6(cm)，辺アオ＝3cmだから，

(辺ウエ)：(辺アオ)＝(辺イエ)：(辺イオ)＝2：6＝1：3より，

(辺ウエ)＝(辺アオ)×$\frac{1}{3}$＝3×$\frac{1}{3}$＝1(cm)

⑹　**【解き方】色をつけた４つの直角三角形は合同であり，このうちの２つを右のように合わせて考える。**

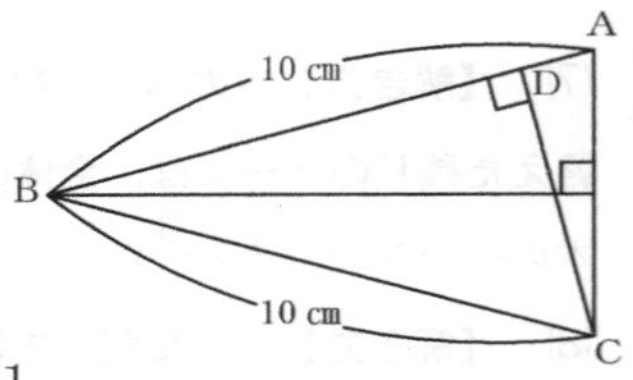

右図で，三角形ＡＢＣは，ＡＢ＝ＣＢ＝10 cm，角ＡＢＣ＝15°×２＝30°の二等辺三角形だから，ＣからＡＢに垂直なＣＤを引くと，三角形ＢＣＤは，１辺が 10 cmの正三角形の半分の直角三角形になる。したがって，ＣＤ＝ＢＣ×$\frac{1}{2}$＝５(cm)だから，三角形ＡＢＣの面積は，10×５÷２＝25(㎠)になる。よって，色をつけた部分の面積は，25×$\frac{4}{2}$＝50(㎠)

4　⑴　**【解き方】１，０｜１，２，０｜１，２，３，０｜１，２，３，４，０｜１，…として，１，０を第１群，１，２，０を第２群，１，２，３，０を第３群のように数えることにする。**

左から数えて５回目にあらわれる０は，第５群の最後の０だから，２＋３＋４＋５＋６＝20(番目)

⑵　**【解き方】２＋３＋４＋５＋６＋７＝27 より，左から数えて 27 番目は第６群の最後の０である。**

第１群の和は１，第２群までの和は１＋１＋２＝４，第３群までの和は４＋１＋２＋３＝10，第４群までの和は 10＋１＋２＋３＋４＝20，第５群までの和は 20＋１＋２＋３＋４＋５＝35 だから，第６群までの和は 35＋１＋２＋３＋４＋５＋６＝56

⑶　**【解き方】27 は，第 27 群の最後から２番目に初めてあらわれる。**

第１群に２個，第２群に３個，第３群に４個，…の数字が並ぶから，第ｎ群の数字の個数は(ｎ＋１)個である。

第１群から第 27 群までに何個の数字があるかを求める。

ａからｂまで等間隔に並ぶｋ個の整数の和は，$\frac{(a+b)\times k}{2}$で求めることができる。第１群から第27群までには，２個から 27＋１＝28(個)まで，１個ずつ増えるように整数が並ぶから，その和は，２＋３＋４＋…＋28＝$\frac{(2+28)\times 27}{2}$＝405(個)になる。

第 27 群の最後の０が左から数えて 405 番目だから，初めて出てくる 27 は，左から数えて 405－１＝404(番目)

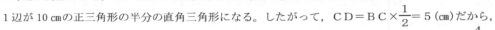

2021 解答例
令和3年度

鹿児島修学館中学校

《国　語》

1 問1．A．オ　B．ア　C．エ　問2．スポーツは　問3．私たちの心を育て、人としての成長をもたらす
問4．心配りをする　問5．Ⅰ．適切な指導　Ⅱ．学びの姿勢　Ⅲ．勝つことがなによりも大事
問6．イ，エ　問7．(例文)私は読書が苦手でしたが、母からすすめられた『赤毛のアン』を読み終えたときに、自分の成長を感じました。一冊の本が、人のやさしさとつながりの大切さを教えてくれるということを学びました。

2 問1．イ　問2．A．エ　B．イ　問3．無理に笑うこと　問4．自分のことをわかってくれようとしている　問5．ウ　問6．祖父の口からは　問7．プライドの高い祖父が認知症であることに気づいて苦しんでいることを知り、おどろき激しく動ようしている。

3 問1．(1)のぞ　(2)かつ　(3)きょか　(4)かど　(5)ぎょうそう　(6)実績　(7)預　(8)冷　(9)破片　(10)資源
問2．①異口同音　②単刀直入　問3．①うま／ア　②たぬき／エ　③きじ／ウ

《算　数》

1 (1)287　(2)3285　(3)20　(4)24.5　(5)2.05　(6)$\frac{1}{4}$　(7)$\frac{1}{6}$　(8)$\frac{3}{4}$

2 (1)140　(2)25　(3)35　(4)23　(5)70　(6)153　(7)9　(8)14　(9)4
(10)面積が$1\frac{4}{5}$㎠で，高さが$\frac{3}{10}$cmの平行四辺形の底辺の長さは何cmですか。

3 (1)30　(2)107　(3)57　(4)50.24　(5)74.24　(6)29

4 (1)80　(2)2187　(3)7，1293　(4)4374

《理　科》

1 (1)種子の中にあるデンプンが発芽するための養分として使われるから。　(2)「適当な温度」が必要である。　(3)右図

実験(ウ)，(エ)ともに，直射日光が当たらない室内(25℃程度)に置いて，箱をかぶせて暗くする。

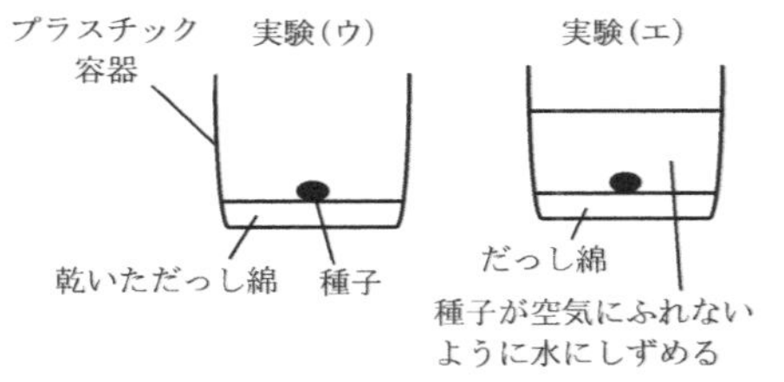

2 (1)月は地球に最も近い天体で，太陽の光が反射しているから。
(2)ウ　(3)A　(4)①クレーター　②エ　(5)オ

3 (1)ウ　(2)①イ　②ウ　(3)植物が枯れてしまう。
(4)①二酸化炭素　②化石燃料の使用量が増えたから。／産業革命が起きたから。などから1つ

4 (1)3　(2)15　(3)42.5　(4)20　(5)15

《社　会》

1 問1．1．沖ノ鳥島　2．太平洋ベルト　3．親潮〔別解〕千島海流　問2．(イ)　問3．屋久島
問4．記号…(ア)　理由…涼しい気候を生かし，夏にたくさんのキャベツを出荷しているから。　問5．(1)(イ)　(2)(ア)

2 問1．(ウ)　問2．(1)中京　(2)(イ)　問3．静岡　問4．大部分を国外からの輸入に頼っており，船を使って運ばれるから。

3 問1．1．足利義政　2．聖武天皇　問2．南蛮貿易　問3．かな文字　問4．町人たちが旅行を楽しむようになった。　問5．(エ)　問6．たたみがしきつめられている。／ふすまで部屋がしきられている。／ちがいだなが設けられている。などから２つ以上　問7．行基が，人々のために橋や道や池などをつくり，人々にしたわれていたから。　問8．E→B→D→A→C

4 問1．1．(県)知事　2．18　問2．基本的人権の尊重　問3．(ウ)　問4．裁判員　問5．政治の方針が多数決で決められるので，数が多い意見の方が有利であり，政治にも反映されやすいから。

←解答例は前のページにありますので，そちらをご覧ください。

1

(3)　与式$=14+8-2=20$

(6)　与式$=\frac{8}{36}+\frac{10}{36}-\frac{9}{36}=\frac{9}{36}=\frac{1}{4}$

(7)　与式$=\frac{3}{10}\div\frac{9}{5}=\frac{3}{10}\times\frac{5}{9}=\frac{1}{6}$

(8)　与式$=\frac{7}{6}-\frac{1}{4}\times\frac{5}{3}=\frac{14}{12}-\frac{5}{12}=\frac{9}{12}=\frac{3}{4}$

2

(1)　**【解き方】３つ以上の数の最小公倍数を求めるときは，右のような筆算を利用する。３つの数のうち２つ以上を割り切れる素数で次々に割っていき（割れない数はそのまま下におろす），割った数と割られた結果残った数をすべてかけあわせれば，最小公倍数となる。**

```
2 ) 10  20  35
5 )  5  10  35
     1   2   7
```

求める最小公倍数は，$2\times5\times1\times2\times7=140$ である。

(2)　時速 90 km＝秒速$\frac{90\times1000}{60\times60}$m＝秒速 25m

(3)　**【解き方】３種類の果物の選び方に順番はないから，下の「組み合わせの数の求め方」を用いる。**

全体の個数は７個，選ぶ個数は３個だから，選び方は全部で，$\frac{7\times6\times5}{3\times2\times1}=35$（通り）ある。

順列（並べ方）の数の求め方

異なる 10 個から３個選んで順番に並べるときの順列の数は，

全体の個数 → ⑩$\times9\times8=720$（通り）（$10\times9\times8$：選ぶ個数）

つまり，異なるｎ個からｋ個選ぶときの順列の数の求め方は，
「ｎから始まり，１ずつ小さくなっていく数をｋ個かける」

組み合わせの数の求め方

異なる 10 個のものから順番をつけずに３個選ぶときの組み合わせの数は，

$\frac{⑩\times9\times8}{③\times2\times1}=120$（通り）

（分子の⑩：全体の個数，$10\times9\times8$：選ぶ個数。分母の③：選ぶ個数，$3\times2\times1$：選ぶ個数）

つまり，異なるｎ個からｋ個選ぶときの組み合わせの数の求め方は，$\frac{（ｎ個からｋ個選ぶ順列の数）}{（ｋ個からｋ個選ぶ順列の数）}$

(4)　このクラスの女子の人数の２倍は，$40+6=46$（人）だから，女子の人数は，$46\div2=23$（人）である。

(5)　ノート５冊と鉛筆２本の代金から，ノート３冊と鉛筆２本の代金を引くことで，ノート$5-3=2$（冊）の代金が$890-590=300$（円）とわかる。よって，ノート３冊の値段は$300\times\frac{3}{2}=450$（円）であり，鉛筆２本の代金は$590-450=140$（円）である。したがって，鉛筆１本の値段は，$140\div2=70$（円）である。

(6)　**【解き方】２人の身長の比の数の差である $19-17=2$ が 18 cmにあたるので，１は $18\div2=9$（cm）にあたる。**

修君の身長は，$9\times17=153$（cm）である。

(7)　条件に合う数字は，12，13，14，15，21，23，24，25，31 の９通りである。

(8)　**【解き方】全体の仕事の量を，12 と 15 の最小公倍数である 60 とすると，１日あたりの仕事の量は，Ａ君が $60\div12=5$，Ｂ君が $60\div15=4$ である。**

Ａ君が最初に１人で４日間行ったあと，残りの仕事の量は$60-5\times4=40$なので，Ｂ君が１人であと$40\div4=10$（日間）行うと，仕事を終えることができる。よって，全部で$4+10=14$（日間）かかる。

(9)　**【解き方】じゃんけん 10 回のうち，ＡさんとＢさんが５回ずつ勝つと，おはじきをあげる個数ともらう個数が同じになるので，おはじきの個数は最初と変わらない。ここから，勝った回数を１回少なくするごとに，負けた回数が１回増える。その結果，あげる個数が３個増えて，もらう個数が３個減るので，おはじきの個数は $3+3=6$（個）少なくなる。**

Ａさんのおはじきの個数は最初より$30-24=6$（個）少ないから，勝った回数は５回よりも$6\div6=1$（回）少ない$5-1=4$（回）である。

(10)　解答例以外にも，「$1\frac{4}{5}$kmの道のりを，$\frac{3}{10}$時間で進んだときの速さは時速何kmですか。」などが考えられる。

3 ⑴　角アエオ－角アエイで求める。辺アエと辺アオの長さは等しいから，三角形アエオは二等辺三角形である。

角エアオ＝角イアエ－角イアオ＝90°－60°＝30°だから，角アエオ＝(180°－30°)÷２＝75°

角アエイ＝45°だから，㋐の角度は，75°－45°＝30°

⑵　**【解き方】図２について，右のように作図する(ＡとＧ，ＢとＨは折り返して重なる点)。三角形の１つの外角は，これととなりあわない２つの内角の和に等しいことと，折り返して重なる角の大きさは等しいことを利用して，角ＤＥＧ＋角ＧＥＦで求める。**

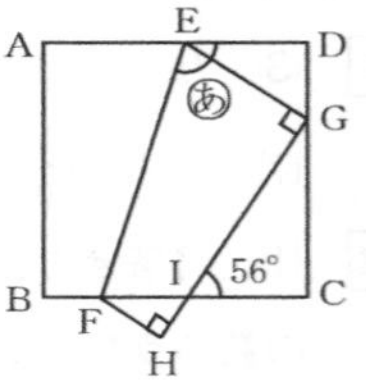

三角形ＣＩＧについて，外角の性質より，角ＩＧＤ＝90°＋56°＝146°なので，角ＥＧＤ＝146°－90°＝56°である。三角形ＤＥＧの内角の和は180°だから，角ＤＥＧ＝180°－90°－56°＝34°であり，角ＡＥＧ＝180°－34°＝146°である。折って重なる角より，角ＡＥＦ＝角ＧＥＦであり，角ＡＥＦ＋角ＧＥＦ＝角ＡＥＧだから，角ＧＥＦ＝角ＡＥＧ×$\frac{1}{2}$＝146°×$\frac{1}{2}$＝73°

よって，㋐の角度は，34°＋73°＝107°

⑶　**【解き方】右のように作図する。半径が20㎝，中心角が90°のおうぎ形の面積から，半径が20÷２＝10(㎝)，中心角が90°のおうぎ形の面積の２倍と，１辺の長さが10㎝の正方形の面積をひけばよい。**

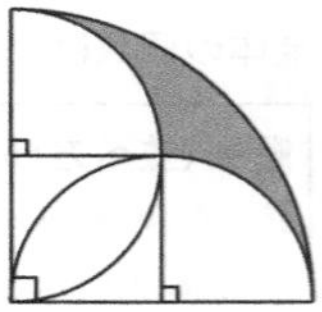

求める面積は，20×20×3.14×$\frac{90}{360}$－(10×10×3.14×$\frac{90}{360}$)×２－10×10＝(100－50)×3.14－100＝50×3.14－100＝157－100＝57(㎠)

⑷　半径が８÷２＝４(㎝)の半円(おうぎ形)の曲線部分が４つ重なっているので，求める長さは，(４×２×3.14÷２)×４＝16×3.14＝50.24(㎝)

⑸　**【解き方】柱体の側面積は，(底面の周の長さ)×(高さ)で求められる。**

底面の半径が４÷２＝２(㎝)だから，２つの底面積の和は，２×２×3.14×$\frac{1}{2}$×２＝12.56(㎠)

底面の周の長さは，４×3.14×$\frac{1}{2}$＋４＝10.28(㎝)だから，側面積は，10.28×６＝61.68(㎠)

よって，表面積は，12.56＋61.68＝74.24(㎠)

⑹　**【解き方】四角形アイウエの面積から，右図の色付き部分の４つの三角形の面積をひいて求める。また，色付き部分の４つの三角形をそれぞれ２倍してできる４つの長方形の面積の和は，四角形アイウエの面積よりも右図の斜線《しゃせん》部分の面積だけ大きい。**

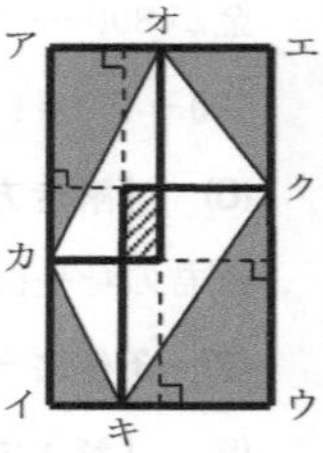

斜線部分の面積は２×１＝２(㎠)だから，色付き部分の４つの三角形の面積の和は，(10×６＋２)÷２＝31(㎠)である。よって，求める面積は，10×６－31＝29(㎠)

4 **【解き方】各群の最初の数に注目すると，１，３，９，27，…と，直前の群の最初の数の３倍になっていることがわかる。**

⑴　第５群の最初の数は27×３＝81だから，第４群の最後の数は81－１＝80である。

⑵　第６群，第７群，第８群の最初の数はそれぞれ，81×３＝243，243×３＝729，729×３＝2187である。

⑶　⑵より，2021は第７群の左から2021－729＋１＝1293(番目)の数である。

⑷　**【解き方】第９群に含まれる３の倍数のうち最小の数と最大の数を□×３の形で表すと，個数を数えやすくなる。**

⑵より，第９群の最初の数は2187×３＝6561であり，第10群の最初の数は，6561×３で求められる。よって，第９群に含まれる３の倍数は，2187×３以上6560×３以下であり，全部で，6560－2187＋１＝4374(個)ある。

■ ご使用にあたってのお願い・ご注意

（1）問題文等の非掲載

著作権上の都合により，問題文や図表などの一部を掲載できない場合があります。
誠に申し訳ございませんが，ご了承くださいますようお願いいたします。

（2）過去問における時事性

過去問題集は，学習指導要領の改訂や社会状況の変化，新たな発見などにより，現在とは異なる表記や解説になっている場合があります。過去問の特性上，出題当時のままで出版していますので，あらかじめご了承ください。

（3）配点

学校等から配点が公表されている場合は，記載しています。公表されていない場合は，記載していません。
独自の予想配点は，出題者の意図と異なる場合があり，お客様が学習するうえで誤った判断をしてしまう恐れがあるため記載していません。

（4）無断複製等の禁止

購入された個人のお客様が，ご家庭でご自身またはご家族の学習のためにコピーをすることは可能ですが，それ以外の目的でコピー，スキャン，転載（ブログ，ＳＮＳなどでの公開を含みます）などをすることは法律により禁止されています。学校や学習塾などで，児童生徒のためにコピーをして使用することも法律により禁止されています。
ご不明な点や，違法な疑いのある行為を確認された場合は，弊社までご連絡ください。

（5）けがに注意

この問題集は針を外して使用します。針を外すときは，けがをしないように注意してください。また，表紙カバーや問題用紙の端で手指を傷つけないように十分注意してください。

（6）正誤

制作には万全を期しておりますが，万が一誤りなどがございましたら，弊社までご連絡ください。
なお，誤りが判明した場合は，弊社ウェブサイトの「ご購入者様のページ」に掲載しておりますので，そちらもご確認ください。

■ お問い合わせ

解答例，解説，印刷，製本など，問題集発行におけるすべての責任は弊社にあります。

ご不明な点がございましたら，弊社ウェブサイトの「お問い合わせ」フォームよりご連絡ください。迅速に対応いたしますが，営業日の都合で回答に数日を要する場合があります。

ご入力いただいたメールアドレス宛に自動返信メールをお送りしています。自動返信メールが届かない場合は，「よくある質問」の「メールの問い合わせに対し返信がありません。」の項目をご確認ください。

また弊社営業日（平日）は，午前９時から午後５時まで，電話でのお問い合わせも受け付けています。

2025 春

株式会社教英出版
〒422-8054　静岡県静岡市駿河区南安倍３丁目 12-28
TEL　054-288-2131　　FAX　054-288-2133
URL　https://kyoei-syuppan.net/
MAIL siteform@kyoei-syuppan.net

教英出版

教英出版の親子で取りくむシリーズ

公立中高一貫校とは?適性検査とは 受検を考えはじめた親子のための最初の1冊!

「概要編」では公立中高一貫校の仕組みや適性検査の特徴をわかりやすく説明し，「例題編」では実際の適性検査の中から，よく出題されるパターンの問題を厳選して紹介しています。実際の問題紙面も掲載しているので受検を身近に感じることができます。

- 公立中高一貫校を知ろう!
- 適性検査を知ろう!
- 教科的な問題〈適性検査ってこんな感じ〉
- 実技的な問題〈さらにはこんな問題も!〉
- おさえておきたいキーワード

定価:1,078円(本体980+税)

適性検査の作文問題にも対応! 「書けない」を「書けた!」に導く合格レッスン

「実力養成レッスン」では，作文の技術や素材の見つけ方，書き方や教え方を対話形式でわかりやすく解説。実際の入試作文をもとに，とり外して使える解答用紙に書き込んでレッスンをします。赤ペンの添削例や，「添削チェックシート」を参考にすれば，お子さんが書いた作文をていねいに添削することができます。

- レッスン1 作文の基本と，書くための準備
- レッスン2 さまざまなテーマの入試作文
- レッスン3 長文の内容をふまえて書く入試作文
- 実力だめし!入試作文
- 別冊「添削チェックシート・解答用紙」付き

定価:1,155円(本体1,050+税)

絶賛販売中!

詳しくは教英出版で検索

教英出版 検索

URL https://kyoei-syuppan.net/

教英出版　2025年春受験用　中学入試問題集

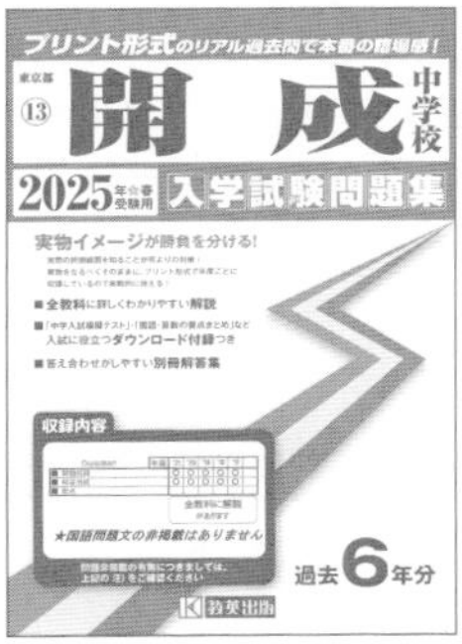

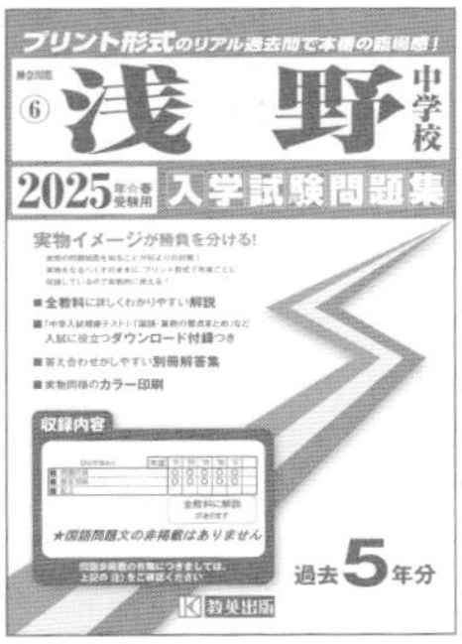

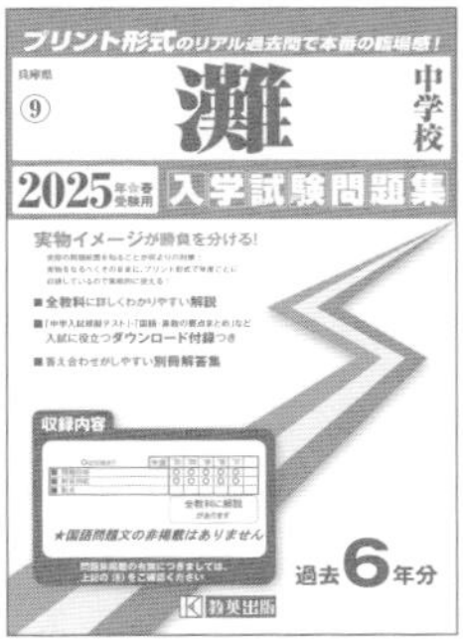

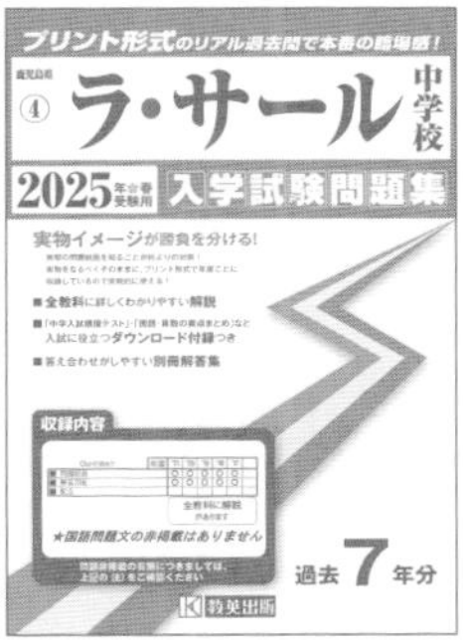

学校別問題集

✿はカラー問題対応

北海道

①[市立]札幌開成中等教育学校
②藤女子中学校
③北嶺中学校
④北星学園女子中学校
⑤札幌大谷中学校
⑥札幌光星中学校
⑦立命館慶祥中学校
⑧函館ラ・サール中学校

青森県

①[県立]三本木高等学校附属中学校

岩手県

①[県立]一関第一高等学校附属中学校

宮城県

①[県立]宮城県古川黎明中学校
②[県立]宮城県仙台二華中学校
③[市立]仙台青陵中等教育学校
④東北学院中学校
⑤仙台白百合学園中学校
⑥聖ウルスラ学院英智中学校
⑦宮城学院中学校
⑧秀光中学校
⑨古川学園中学校

秋田県

①[県立]
- 大館国際情報学院中学校
- 秋田南高等学校中等部
- 横手清陵学院中学校

山形県

①[県立]
- 東桜学館中学校
- 致道館中学校

福島県

①[県立]
- 会津学鳳中学校
- ふたば未来学園中学校

茨城県

①[県立]
- 日立第一高等学校附属中学校
- 太田第一高等学校附属中学校
- 水戸第一高等学校附属中学校
- 鉾田第一高等学校附属中学校
- 鹿島高等学校附属中学校
- 土浦第一高等学校附属中学校
- 竜ヶ崎第一高等学校附属中学校
- 下館第一高等学校附属中学校
- 下妻第一高等学校附属中学校
- 水海道第一高等学校附属中学校
- 勝田中等教育学校
- 並木中等教育学校
- 古河中等教育学校

栃木県

①[県立]
- 宇都宮東高等学校附属中学校
- 佐野高等学校附属中学校
- 矢板東高等学校附属中学校

群馬県

①
- [県立]中央中等教育学校
- [市立]四ツ葉学園中等教育学校
- [市立]太田中学校

埼玉県

①[県立]伊奈学園中学校
②[市立]浦和中学校
③[市立]大宮国際中等教育学校
④[市立]川口市立高等学校附属中学校

千葉県

①[県立]
- 千葉中学校
- 東葛飾中学校

②[市立]稲毛国際中等教育学校

東京都

①[国立]筑波大学附属駒場中学校
②[都立]白鷗高等学校附属中学校
③[都立]桜修館中等教育学校
④[都立]小石川中等教育学校
⑤[都立]両国高等学校附属中学校
⑥[都立]立川国際中等教育学校
⑦[都立]武蔵高等学校附属中学校
⑧[都立]大泉高等学校附属中学校
⑨[都立]富士高等学校附属中学校
⑩[都立]三鷹中等教育学校
⑪[都立]南多摩中等教育学校
⑫[区立]九段中等教育学校
⑬開成中学校
⑭麻布中学校
⑮桜蔭中学校
⑯女子学院中学校
✿⑰豊島岡女子学園中学校
⑱東京都市大学等々力中学校
⑲世田谷学園中学校
✿⑳広尾学園中学校(第2回)
✿㉑広尾学園中学校(医進・サイエンス回)
㉒渋谷教育学園渋谷中学校(第1回)
㉓渋谷教育学園渋谷中学校(第2回)
㉔東京農業大学第一高等学校中等部(2月1日 午後)
㉕東京農業大学第一高等学校中等部(2月2日 午後)

神奈川県

①[県立]
- 相模原中等教育学校
- 平塚中等教育学校

②[市立]南高等学校附属中学校
③[市立]横浜サイエンスフロンティア高等学校附属中学校
④[市立]川崎高等学校附属中学校
✿⑤聖光学院中学校
✿⑥浅野中学校
⑦洗足学園中学校
⑧法政大学第二中学校
⑨逗子開成中学校（1次）
⑩逗子開成中学校（2·3次）
⑪神奈川大学附属中学校（第1回）
⑫神奈川大学附属中学校（第2·3回）
⑬栄光学園中学校
⑭フェリス女学院中学校

新潟県

①[県立]
- 村上中等教育学校
- 柏崎翔洋中等教育学校
- 燕中等教育学校
- 津南中等教育学校
- 直江津中等教育学校
- 佐渡中等教育学校

②[市立]高志中等教育学校
③新潟第一中学校
④新潟明訓中学校

石川県

①[県立]金沢錦丘中学校
②星稜中学校

福井県

①[県立]高志中学校

山梨県

①山梨英和中学校
②山梨学院中学校
③駿台甲府中学校

長野県

①[県立]
- 屋代高等学校附属中学校
- 諏訪清陵高等学校附属中学校

②[市立]長野中学校

岐阜県

①岐阜東中学校
②鶯谷中学校
③岐阜聖徳学園大学附属中学校

静岡県

①[国立]静岡大学教育学部附属中学校（静岡·島田·浜松）
②
- [県立]清水南高等学校中等部
- [県立]浜松西高等学校中等部
- [市立]沼津高等学校中等部

③不二聖心女子学院中学校
④日本大学三島中学校
⑤加藤学園暁秀中学校
⑥星陵中学校
⑦東海大学付属静岡翔洋高等学校中等部
⑧静岡サレジオ中学校
⑨静岡英和女学院中学校
⑩静岡雙葉中学校
⑪静岡聖光学院中学校
⑫静岡学園中学校
⑬静岡大成中学校
⑭城南静岡中学校
⑮静岡北中学校
⑯
- 常葉大学附属常葉中学校
- 常葉大学附属橘中学校
- 常葉大学附属菊川中学校

⑰藤枝明誠中学校
⑱浜松開誠館中学校
⑲静岡県西遠女子学園中学校
⑳浜松日体中学校
㉑浜松学芸中学校

愛知県

①[国立]愛知教育大学附属名古屋中学校
②愛知淑徳中学校
③
- 名古屋経済大学市邨中学校
- 名古屋経済大学高蔵中学校

④金城学院中学校
⑤椙山女学園中学校
⑥東海中学校
⑦南山中学校男子部
⑧南山中学校女子部
⑨聖霊中学校
⑩滝中学校
⑪名古屋中学校
⑫大成中学校
⑬愛知中学校
⑭星城中学校
⑮名古屋葵大学中学校
（名古屋女子大学中学校）
⑯愛知工業大学名電中学校
⑰海陽中等教育学校（特別給費生）
⑱海陽中等教育学校（I·II）
⑲中部大学春日丘中学校
新刊⑳名古屋国際中学校

三重県

①[国立]三重大学教育学部附属中学校
②暁中学校
③海星中学校
④四日市メリノール学院中学校
⑤高田中学校
⑥セントヨゼフ女子学園中学校
⑦三重中学校
⑧皇學館中学校
⑨鈴鹿中等教育学校
⑩津田学園中学校

滋賀県

①[国立]滋賀大学教育学部附属中学校
②[県立]
- 河瀬中学校
- 守山中学校
- 水口東中学校

京都府

①[国立]京都教育大学附属桃山中学校
②[府立]洛北高等学校附属中学校
③[府立]園部高等学校附属中学校
④[府立]福知山高等学校附属中学校
⑤[府立]南陽高等学校附属中学校
⑥[市立]西京高等学校附属中学校
⑦同志社中学校
⑧洛星中学校
⑨洛南高等学校附属中学校
⑩立命館中学校
⑪同志社国際中学校
⑫同志社女子中学校（前期日程）
⑬同志社女子中学校（後期日程）

大阪府

①[国立]大阪教育大学附属天王寺中学校
②[国立]大阪教育大学附属平野中学校
③[国立]大阪教育大学附属池田中学校

④[府立]富田林中学校
⑤[府立]咲くやこの花中学校
⑥[府立]水都国際中学校
⑦清風中学校
⑧高槻中学校（Ａ日程）
⑨高槻中学校（Ｂ日程）
⑩明星中学校
⑪大阪女学院中学校
⑫大谷中学校
⑬四天王寺中学校
⑭帝塚山学院中学校
⑮大阪国際中学校
⑯大阪桐蔭中学校
⑰開明中学校
⑱関西大学第一中学校
⑲近畿大学附属中学校
⑳金蘭千里中学校
㉑金光八尾中学校
㉒清風南海中学校
㉓帝塚山学院泉ヶ丘中学校
㉔同志社香里中学校
㉕初芝立命館中学校
㉖関西大学中等部
㉗大阪星光学院中学校

兵庫県

①[国立]神戸大学附属中等教育学校
②[県立]兵庫県立大学附属中学校
③雲雀丘学園中学校
④関西学院中学部
⑤神戸女学院中学部
⑥甲陽学院中学校
⑦甲南中学校
⑧甲南女子中学校
⑨灘中学校
⑩親和中学校
⑪神戸海星女子学院中学校
⑫滝川中学校
⑬啓明学院中学校
⑭三田学園中学校
⑮淳心学院中学校
⑯仁川学院中学校
⑰六甲学院中学校
⑱須磨学園中学校(第1回入試)
⑲須磨学園中学校(第2回入試)
⑳須磨学園中学校(第3回入試)
㉑白陵中学校
㉒夙川中学校

奈良県

①[国立]奈良女子大学附属中等教育学校
②[国立]奈良教育大学附属中学校
③[県立]
国際中学校
青翔中学校
④[市立]一条高等学校附属中学校
⑤帝塚山中学校
⑥東大寺学園中学校
⑦奈良学園中学校
⑧西大和学園中学校

和歌山県

①[県立]
古佐田丘中学校
向陽中学校
桐蔭中学校
日高高等学校附属中学校
田辺中学校
②智辯学園和歌山中学校
③近畿大学附属和歌山中学校
④開智中学校

岡山県

①[県立]岡山操山中学校
②[県立]倉敷天城中学校
③[県立]岡山大安寺中等教育学校
④[県立]津山中学校
⑤岡山中学校
⑥清心中学校
⑦岡山白陵中学校
⑧金光学園中学校
⑨就実中学校
⑩岡山理科大学附属中学校
⑪山陽学園中学校

広島県

①[国立]広島大学附属中学校
②[国立]広島大学附属福山中学校
③[県立]広島中学校
④[県立]三次中学校
⑤[県立]広島叡智学園中学校
⑥[市立]広島中等教育学校
⑦[市立]福山中学校
⑧広島学院中学校
⑨広島女学院中学校
⑩修道中学校
⑪崇徳中学校
⑫比治山女子中学校
⑬福山暁の星女子中学校
⑭安田女子中学校
⑮広島なぎさ中学校
⑯広島城北中学校
⑰近畿大学附属広島中学校福山校
⑱盈進中学校
⑲如水館中学校
⑳ノートルダム清心中学校
㉑銀河学院中学校
㉒近畿大学附属広島中学校東広島校
㉓ＡＩＣＪ中学校
㉔広島国際学院中学校
㉕広島修道大学ひろしま協創中学校

山口県

①[県立]
下関中等教育学校
高森みどり中学校
②野田学園中学校

徳島県

①[県立]
富岡東中学校
川島中学校
城ノ内中等教育学校
②徳島文理中学校

香川県

①大手前丸亀中学校
②香川誠陵中学校

愛媛県

①[県立]
今治東中等教育学校
松山西中等教育学校
②愛光中学校
③済美平成中等教育学校
④新田青雲中等教育学校

高知県

①[県立]
安芸中学校
高知国際中学校
中村中学校

福岡県

① [国立] 福岡教育大学附属中学校（福岡·小倉·久留米）
② [県立]
- 育徳館中学校
- 門司学園中学校
- 宗像中学校
- 嘉穂高等学校附属中学校
- 輝翔館中等教育学校

③西南学院中学校
④上智福岡中学校
⑤福岡女学院中学校
⑥福岡雙葉中学校
⑦照曜館中学校
⑧筑紫女学園中学校
⑨敬愛中学校
⑩久留米大学附設中学校
⑪飯塚日新館中学校
⑫明治学園中学校
⑬小倉日新館中学校
⑭久留米信愛中学校
⑮中村学園女子中学校
⑯福岡大学附属大濠中学校
⑰筑陽学園中学校
⑱九州国際大学付属中学校
⑲博多女子中学校
⑳東福岡自彊館中学校
㉑八女学院中学校

佐賀県

① [県立]
- 香楠中学校
- 致遠館中学校
- 唐津東中学校
- 武雄青陵中学校

②弘学館中学校
③東明館中学校
④佐賀清和中学校
⑤成穎中学校
⑥早稲田佐賀中学校

長崎県

① [県立]
- 長崎東中学校
- 佐世保北中学校
- 諫早高等学校附属中学校

②青雲中学校
③長崎南山中学校
④長崎日本大学中学校
⑤海星中学校

熊本県

① [県立]
- 玉名高等学校附属中学校
- 宇土中学校
- 八代中学校

②真和中学校
③九州学院中学校
④ルーテル学院中学校
⑤熊本信愛女学院中学校
⑥熊本マリスト学園中学校
⑦熊本学園大学付属中学校

大分県

① [県立] 大分豊府中学校
②岩田中学校

宮崎県

① [県立] 五ヶ瀬中等教育学校
② [県立]
- 宮崎西高等学校附属中学校
- 都城泉ヶ丘高等学校附属中学校

③宮崎日本大学中学校
④日向学院中学校
⑤宮崎第一中学校

鹿児島県

① [県立] 楠隼中学校
② [市立] 鹿児島玉龍中学校
③鹿児島修学館中学校
④ラ・サール中学校
⑤志學館中等部

沖縄県

① [県立]
- 与勝緑が丘中学校
- 開邦中学校
- 球陽中学校
- 名護高等学校附属桜中学校

もっと過去問シリーズ

北海道

北嶺中学校
7年分（算数・理科・社会）

静岡県

静岡大学教育学部附属中学校
（静岡·島田·浜松）
10年分（算数）

愛知県

愛知淑徳中学校
7年分（算数・理科・社会）
東海中学校
7年分（算数・理科・社会）
南山中学校男子部
7年分（算数・理科・社会）
南山中学校女子部
7年分（算数・理科・社会）
滝中学校
7年分（算数・理科・社会）
名古屋中学校
7年分（算数・理科・社会）

岡山県

岡山白陵中学校
7年分（算数・理科）

広島県

広島大学附属中学校
7年分（算数・理科・社会）
広島大学附属福山中学校
7年分（算数・理科・社会）
広島学院中学校
7年分（算数・理科・社会）
広島女学院中学校
7年分（算数・理科・社会）
修道中学校
7年分（算数・理科・社会）
ノートルダム清心中学校
7年分（算数・理科・社会）

愛媛県

愛光中学校
7年分（算数・理科・社会）

福岡県

福岡教育大学附属中学校
（福岡·小倉·久留米）
7年分（算数・理科・社会）
西南学院中学校
7年分（算数・理科・社会）
久留米大学附設中学校
7年分（算数・理科・社会）
福岡大学附属大濠中学校
7年分（算数・理科・社会）

佐賀県

早稲田佐賀中学校
7年分（算数・理科・社会）

長崎県

青雲中学校
7年分（算数・理科・社会）

鹿児島県

ラ·サール中学校
7年分（算数・理科・社会）

※もっと過去問シリーズは国語の収録はありません。

教英出版
〒422-8054
静岡県静岡市駿河区南安倍3丁目12−28
TEL 054-288-2131
FAX 054-288-2133
詳しくは教英出版で検索
教英出版 検索
URL https://kyoei-syuppan.net/

令和六年度　国語（その一）（45分）

鹿児島修学館中学校

1　次の文章を読んで、あとの問いに答えなさい。（字数制限のある問題の解答は、句読点や「　」なども字数に数えます。）

「生きがいとは何か」を考えたとき、人生の明確な目標をもっていることが大事であることがわかりました。それでは、何を目標にわたしたちは生きていけばよいのでしょうか。いろいろな答が考えられると思いますが、みなさんであれば、この問いにどのように答えるでしょうか。

【　A　】社会に出て高い地位に就《つ》きたいとか、あるいはたくさんお金を稼《かせ》いで裕福《ゆうふく》になりたいと考える人もきっといるでしょう。それに対して、裕福になるよりも、健康の方が大事だとか、自分の能力を発揮できる仕事に就くことの方が大切だと言う人もいるかもしれません。あるいは親子や友人同士、学校や職場の仲間のあいだでよい人間関係を築くことが何より大事だと言う人もいるでしょう。Ⅰ

いろいろな例を挙げましたが、それらはどれも手に入れたいものです。全部手に入れたいと思った欲ばりな人もいるかもしれません。しかし、そう簡単にはいかないでしょう。たとえば、いま挙げたものが、互《たが》いに対立するようなことも考えられるからです。よい仕事をしようとして無理をし、体をこわすようなことがあるかもしれません。親の言うことに耳を【　B　】ことはよいことでしょうが、その意向に従ってばかりいれば、自分の本当にやりたいことができなくなってしまうかもしれません。親の反対を【　C　】でも、自分の道を進むべきときが来るかもしれません。Ⅱ

いま挙げたものはすべて望ましいものでしょうが、人生を歩んでいくなかで、どれかを選び、どれかを捨てなければならないかもしれません。そのときどうすればよいでしょうか。いま挙げたものがもっている「望ましさ」の度合いの違《ちが》いが判断の手がかりになるかもしれません。望ましいものも同じ程度に望ましいのではなく、そのあいだに序列がある、あるいは手段と目的の関係があるとも言えそうです。たとえばバランスのよい食事は健康につながるでしょうし、健康であればこそしっかりと勉強することができます。しっかりと勉強すれば、めざす職業に就く可能性が開かれてきます。うまくその職業に就けば、自分の才能を発揮し、社会にも貢献《こうけん》できるかもしれません。Ⅲ

このように「望ましいもの」の手段と目的の関係をたどっていくと、最後にどこに行きつくのでしょうか。最終的な目標というのがあるのでしょうか。もう他のものの手段とはならない「望ましいものそのもの」というものがあるのでしょうか。つまり、何かのためにではなく、それ自体が「よい」と言えるものがあるのでしょうか。①それがはっきりすれば、何を目標に生きていけばよいのかという問いに答えられそうです。Ⅳ

【　D　】それに答えることは、そう簡単ではないように思われます。おそらくいろんな意見が出てくるのではないでしょうか。いろいろな見解があると思いますが、比較《ひかく》的多いと思われるのは、「幸福」こそがそれであるという答です。もっともな答だという気がします。しかしそこでわたしたちは②ふたたび難問に突きあたります。辞書を見てみると、たとえば「幸福とは心が満ち足りていることである」といった記述がありますが、とてもあいまいな説明だと思います。どうすれば、あるいは何を手に入れれば、心は満たされるのでしょうか。どのような状態になったとき、わたしたちは幸せだと感じるのでしょうか。Ⅴ

わたしも幸福について論じた多くの本を読んでみました。そのなかで比較的多かったのは、「快楽」、つまりすべてのことについて快いと感じ、何も不快なものを感じない状態であることが「幸福」であるという考えでした。なるほど、という気がします。おそらく読者のなかにも、この考えを支持する方が多いのではないかと思います。

しかし、そのように考えると、今度は「快楽とは何か」という問いが浮《う》かびあがってきます。③この問いに答えることも簡単ではありません。まず、何を快い、あるいは気持ちよいと感じるかは、人によって大きく違います。体を動かし、運動することを快いと感じる人もいるでしょうし、逆に運動が苦手な人もいます。読書を何よりの喜びとする人もいるでしょうし、机に向かうことを嫌《きら》う人もいます。

また快い・不快であるということを判定する基準をどこに置くかということも、たいへんむずかしい問題です。たとえば煙草《たばこ》を吸うことは、そのときは快いかもしれませんが、長年吸いつづければそれが肺がんを引きおこし、大きな苦痛につながるかもしれません。一時の快楽が長い目で見たときに苦痛に変わることはほかにも考えられるでしょう。遠い将来のことも、そして結果があらかじめ見通せないものも判断の基準に入れると、何が快であり、何が不快であるかを決めることは簡単ではありません。

（藤田《ふじた》　正勝《まさかつ》『はじめての哲学《てつがく》』岩波ジュニア新書による）

令和六年度　国語（その二）　鹿児島修学館中学校

問1　【　A　】・【　D　】に入る言葉として最も適当なものを次から選び、それぞれ記号で答えなさい。

ア　だから　　イ　しかし　　ウ　つまり　　エ　それに　　オ　たとえば

問2　【　B　】・【　C　】に入る言葉の組み合わせとして最も適当なものを次から選び、記号で答えなさい。

ア　B　すませる　C　打ち切って　　イ　B　疑う　C　断《た》ち切って

ウ　B　傾《かたむ》ける　C　押《お》し切って　　エ　B　そばだてる　C　読み切って

問3　――線部①「それ」とありますが、「それ」が指す内容を本文中から六字で書きぬきなさい。

問4　――線部②「ふたたび難問に突きあたります」とありますが、どのような「難問」に突きあたるのですか。最後は「という難問」に続くように答えなさい。

問5　――線部③「この問いに答えることも簡単ではありません」とありますが、なぜ簡単ではないのですか。その理由を五十字以内で答えなさい。

問6　本文の内容はどのような順序で移り変わっていますか。最も適当なものを次から選び、記号で答えなさい。

ア　目標―幸福―快楽―生きがい　　イ　幸福―生きがい―快楽―目標

ウ　生きがい―目標―幸福―快楽　　エ　快楽―幸福―目標―生きがい

問7　本文から次の一文がぬけています。この一文が入る適当な箇所《かしょ》をあとから選び、記号で答えなさい。

> 自分のことや自分の周りのことだけでなく、広く社会に貢献したいと考える人もいるかもしれません。

ア　Ⅰの後　　イ　Ⅱの後　　ウ　Ⅲの後　　エ　Ⅳの後　　オ　Ⅴの後

令和六年度　国　語（その三）　鹿児島修学館中学校

2

次の文章を読んで、あとの問いに答えなさい。（字数制限のある問題の解答は、句読点や「　」なども字数に数えます。）

> 小学一年生の時、杏美《あずみ》のクラスは学芸会で「白雪姫」を上演することになった。白雪姫役に惹《ひ》かれながらもナレーターに立候補《りっこうほ》しようとしていた杏美だが、カナ（香奈枝《かなえ》）の誘《さそ》いで五人の白雪姫役の一人に立候補する。一度は決まった配役だったが、翌日もう一人希望者が出たため、じゃんけんで決め直すことになった。負けてしまったカナに「あずちゃん、本当はナレーター演《や》りたかったんでしょ。だったら…」と言われた杏美は「わたし、やめてもいいよ」と答えた。香奈枝ママと多美子（杏美の母）には、前日、一緒《いっしょ》に白雪姫をやることになったと二人で報告したばかりだった。

「あずちゃんが、うちのカナに、白雪姫役を譲《ゆず》ってくれたそうで。本当にありがとうございます。あずちゃんは、優しい子ね」

数日後の公文《くもん》の帰り道、香奈枝ママが多美子に礼を言うのを聞いていた。

そのことを知らなかった多美子は、一瞬黙《いっしゅんだま》ってから、ぱかっと箱を開くような笑顔になって、

「いいのいいの。うちのなんて、白雪姫って柄《がら》じゃないし、香奈枝ちゃんが演ったほうがずっと様《さま》になるわよ」

と言った。

それなのに、家に帰ってから、

「杏美が白雪姫を降りたこと、知らなかったよ。よく我慢《がまん》したね」

と、杏美に言った。

我慢？

ノッポの杏美には似合わないって、お母さん、何度も言っていたくせに。

「我慢なんかしてないよ！　わたし、白雪姫なんて、本当はやりたくなかったんだから」

多美子は本当は自分に白雪姫をやってもらいたかったのだ。そう思ったら、「我慢」のひと言は、鑢《やすり》みたいに耳たぶを擦《こす》った。

「五人でやる役なんて、ばっかみたい」

いくらひらひらしたドレスを着たところで、台詞《せりふ》ふたつの白雪姫より、みっつ喋《しゃべ》れるナレーターのほうが、①賢《かしこ》い選択《せんたく》なんだ。たとえナレーターは舞台《ぶたい》には立たず、その下でマイクを使って喋る役だったとしても。

三年生の組分けで、香奈枝と分かれた。

香奈枝の前では残念なそぶりを見せた杏美だが、内心でほっとしていた。三年生にもなれば、②そのくらいの演技《えんぎ》はできる。

杏美は、新しいクラスで、「親友」を作りたかった。二年間、香奈枝と「二人組」だったけれど、親友ではなかった。香奈枝はわがままで気まぐれだ。そのせいで杏美が不機嫌《ふきげん》になると、「あずちゃんが怒《おこ》った」と周りに言いふらしたり、泣きまねをすることもあった。思ったことをぽんぽん口にする天真爛漫《てんしんらんまん》な香奈枝と一緒《いっしょ》にいると、楽しい時間も勿論《もちろん》あったが、苛立《いらだ》ったり、疲《つか》れることのほうが多かった。

新しい教室で、ようやく伸《の》び伸《の》びできると思ったのに、親友というのは、そう簡単に作れるものではなかった。

それどころか、友だちをひとり確保することさえ、③難しい。

杏美は、休み時間の同級生たちが、不思議で仕方がなかった。チャイムが鳴ると同時に、磁力があるかのように自然といくつかのグループに分かれる不思議。あの子はあの子とくっついて、この子はその子と話し出す。どうしてみんなには「あの子」がいるのだろう。「その子」を探せるのだろう。

友だちになろう。

杏美はただ、その一言を、誰《だれ》かに言ってほしかった。

一緒に遊ぼう。

誰も言ってくれないから、自分から言うしかなかった。

輪を見つけて、近づいて、じゃんけんに加わってしまえば、あとはぐっと楽になる。じゃんけんは、遊びの一員として認められたことの証明だ。とにかくじゃんけんを目指して頑張《がんば》った。杏美はいつも、目をぎらつかせ、じゃんけんに加わった。鬼《おに》決めだろうが、順番決めだろうが、なんのじゃんけんでも、勝っても負けてもどっちでもいい。楽しかろうが、つまらなかろうが、それだって、どうでもいい。遊びの一員になって、二十分間をやり過ごせれば、それだけで。

けれども、子どもという生き物は、ひどく気分屋で身勝手で、人を思いやれないのだ。

じゃんけんに入れてもらえないことが何度もあった。声をかけようとしたら、走って逃《に》げられることも。杏美は目玉を大きくし、【　A　】校庭を見まわして、運よく自分によく似た雰囲気《ふんいき》の子が一人でいるのを見つけたら声をかけたし、そういう子が見つからない時は、まるでゲームか何かの過程で誰かに追いかけられているかのように、あるいは誰かを追いかけているかのように、校庭の中を【　B　】歩き回った。

一学期も終わりに近づいた頃《ころ》、ようやく杏美にも居場所ができた。同じ書道教室に通っている鈴木結《すずきゆい》に声をかけてもらって、彼女《かのじょ》のグループに入ることができたのだ。その後は四年生の終わりまで、比較的平穏《ひかくてきへいおん》に過ごせたと思う。

　五年生に進級した際の組替《くみが》えで、ふたたび香奈枝と同じクラスになった。
④名簿《めいぼ》を見たとたん、不安に包まれた。香奈枝に巻き込《こ》まれたくない。あの子にひっつかれて、わがまま放題されて、ふりまわされるのはまっぴらだ。
　だが、最初に教室で会った時、すでにそういう段階ではないことを察した。香奈枝の視線が自分を素通《すどお》りしたから。低学年の頃に「仲良し二人組」だったことを、香奈枝はすっかり忘れてしまったようだったから。
　香奈枝の隣《となり》には、見村《みむら》めぐ美《み》という、いかにも性格がきつそうな、つり目の少女がいた。白雪姫の役決めの時に、後から⑤しゃあしゃあと主役を取っていったあの飯田麻耶《いいだまや》が、ちゃっかり香奈枝グループにおさまっていたのには驚《おどろ》いた。格闘技《かくとうぎ》で表彰《ひょうしょう》された大柄な少女も香奈枝の子分だ。ボディガードかよ、と杏美は内心で嘲《あざけ》る。あたりかまわず大きな声で喋り、休み時間に踊《おど》っている。クラスでいちばん上位のポジションにおさまることを、あっさり周囲に認めさせるグループ。
　杏美は、結が低学年の頃に仲が良かった増井智帆《ますいちほ》と、その友達の横河芽衣《よこかわめい》と、四人で過ごすようになった。この三人は人の悪口を言わないし、先生に反抗的《はんこうてき》な態度をとらない。テレビとか家族とか、体育やだねとか、そんな話をしては、くすくす笑う。おとなしい彼女たちに紛《まぎ》れて生きるしかない⑥今の自分は仮の姿だと、杏美は思っている。

（朝比奈《あさひな》あすか『君たちは今が世界《すべて》』ＫＡＤＯＫＡＷＡによる）

問1　【　Ａ　】・【　Ｂ　】に入る言葉の組み合わせとして、最も適当なものを次から選び、記号で答えなさい。

ア　Ａ　ぎょろぎょろと　Ｂ　とぼとぼと　　イ　Ａ　ちらちらと　Ｂ　とぼとぼと
ウ　Ａ　ぎょろぎょろと　Ｂ　ぐるぐると　　エ　Ａ　ちらちらと　Ｂ　ぐるぐると

問2　――線部③「さえ」とありますが、これと同じ働きの「さえ」を次から一つ選び、記号で答えなさい。

ア　ペットさえいればわたしは幸せに過ごせる。
イ　姉は通学時間さえおしんで勉強にはげんだ。
ウ　この薬さえ飲めば、元気になるはずだ。
エ　飲み物さえあればしばらくの間は大丈夫《だいじょうぶ》だ。

問3　――線部⑤「しゃあしゃあと」の意味として最も適当なものを次から選び、記号で答えなさい。

ア　思っていないが、人に言われてやってしまう様子
イ　恥《は》ずべきことだと感じていても、やめる勇気がない様子
ウ　するべきではないと知っている様子
エ　恥《はじ》を恥とも思わないで平気な顔でいる様子

問4　――線部①「賢い選択なんだ」とありますが、このときの杏美の気持ちを説明したものとして最も適当なものを次から選び、記号で答えなさい。

ア　自分の判断はまちがっていないと自分を納得させようとしている。
イ　初心を貫《つらぬ》くことができた自分自身に対してほこらしく感じている。
ウ　無神経に「我慢」という言葉を使った母親に対して反発している。
エ　白雪姫に決まった香奈枝のことを心から応援《おうえん》したいと思っている。

問5　――線部②「そのくらいの演技はできる」とありますが、どのような演技ですか。四十五字以内で答えなさい。

問6　――線部④「名簿を見たとたん、不安に包まれた」とありますが、次の文はこの時杏美が不安に包まれた理由を説明したものです。【　Ⅰ　】・【　Ⅱ　】に入る適当な言葉を本文中からそれぞれ十字以内で書きぬきなさい。

香奈枝は天真爛漫だが【　Ⅰ　】な性格なので、彼女に振り回されて【　Ⅱ　】ことが多くなるだろうと思ったから。

問7　――線部⑥「今の自分は仮の姿だ」とありますが、あなたの考える杏美の「本当の姿」はどのような姿ですか。そう考える根拠《こんきょ》を示して六十字以上八十字以内で答えなさい。

令和六年度　国語（その五）　鹿児島修学館中学校

3　次の各問いに答えなさい。

問1　次の――線部の漢字はひらがなに、カタカナは漢字に直しなさい。

(1) 友情を育む。　(2) 月日を経る。　(3) 向こうのほうから悲鳴が聞こえた。

(4) 郷里から手紙が届く。　(5) 授業の前に点呼を行う。　(6) カメラをカマえる。

(7) 見学のキカイにめぐまれる。　(8) パソコンのしくみはフクザツだ。　(9) 手間をハブく。

(10) 学校にキンムしている。

問2　次の――線部の「手」の意味として適当なものをあとから一つずつ選び、それぞれ記号で答えなさい。

(1) いそがしくて猫《ねこ》の手も借りたい。

(2) 行く手に山が見える。

(3) その手にはのらない。

(4) 父の手は大きい。

ア　人の体の手首から先の部分。　イ　攻撃《こうげき》や実行の手段、方法。

ウ　労働力や仕事の工程。　エ　方向。

問3　次の二字熟語の組み立てとして適当なものをあとから一つずつ選び、それぞれ記号で答えなさい。

(1) 価値

(2) 幼虫

(3) 売買

ア　意味が対《つい》になる漢字の組み合わせ

イ　似た意味の漢字の組み合わせ

ウ　上の漢字が下の漢字を修飾《しゅうしょく》する関係になる組み合わせ

エ　「――を」「――に」に当たる意味の漢字が下に来る組み合わせ

令和６年度　算　数（その１）　鹿児島修学館中学校

(45分)

1　次の(1)～(8)の □ にあてはまる数を答えなさい。

(1)　617 － 258 ＝ □

(2)　48 × 65 ＝ □

(3)　18 ÷ 3 ×（ 1 ＋ 5 ）＝ □

(4)　57.6 － 28.9 － 12.1 ＝ □

(5)　9.27 ÷ 4.5 ＝ □

(6)　$\frac{2}{7} + \frac{3}{14} - \frac{1}{6} =$ □

(7)　$\frac{3}{10} \div 1\frac{1}{5} =$ □

(8)　$1\frac{2}{3} \div 1\frac{1}{9} - \frac{1}{2} =$ □

2　次の(1)～(10)の □ にあてはまる数を答えなさい。

(1)　小数第二位を四捨五入して 7.0 になる数のうち，いちばん小さい数は □ です。

(2)　6 チームで野球の総あたり戦をします。試合数は全部で □ 試合です。

(3)　鹿児島修学館中学校は，鹿児島中央駅から 2.6 km の地点にあります。縮尺 5 万分の 1 の地図上では □ cm 離《はな》れています。

(4)　A さん，B さん，C さん，D さんが 4 人がけのベンチに座ります。B さんが必ずベンチのはしになる座り方は全部で □ 通りあります。

(5)　分子は分母から 4 を引いた数で，約分すると $\frac{7}{8}$ になる分数の分母は □ です。

(6)　修さんと修さんの妹の身長の比は 19 : 16 です。修さんの妹の身長が，修さんより 24 cm 低いとき，修さんの身長は □ cm です。

(7)　A さんは，午前 8 時に家から 3 km 離れた駅に向かって歩き始めました。A さんの妹は，A さんの忘れ物に気づき，午前 8 時 20 分に A さんと同じ道を自転車で駅に向かいました。A さんの歩く速さが毎分 60 m，妹の自転車の速さが毎分 120 m のとき，妹が A さんに追いつくのは，家から □ m の地点です。

(8)　鹿児島修学館中学校の令和 5 年度の 1 年生女子の生徒数は 45 人です。これは，2・3 年生女子の合計人数の 56.25％にあたります。また，2・3 年生男子の合計人数は，2・3 年生女子の合計人数の $\frac{9}{8}$ 倍です。2・3 年生男子の合計人数は □ 人です。

(9)　時刻が 10 時 20 分のとき，時計の長針と短針がつくる小さい方の角度は □ 度です。

(10)　ある仕事をするのに，A さん 1 人では 20 日かかり，B さん 1 人では 16 日かかります。この仕事を A さんが最初に 1 人で 11 日行ったあと，残りを A さんと B さんの 2 人で行うとあと □ 日かかります。

3　次の(1)～(6)の□にあてはまる数を答えなさい。

(1)　右の図は正六角形です。
正六角形の対称の軸の本数は全部で□本です。

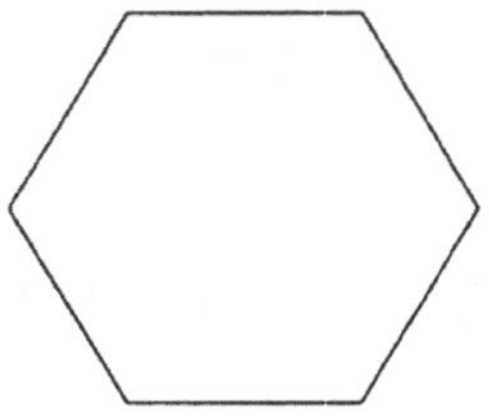

(2)　右の図は，１組の三角じょうぎを重ねたものです。
㋐の角度は□度です。

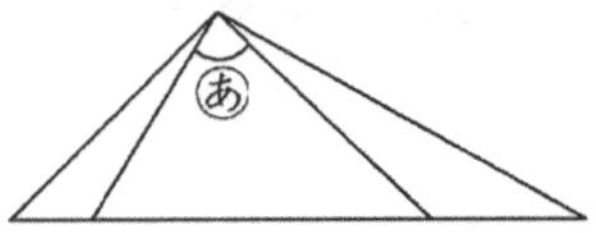

(3)　右の図は，１辺の長さの等しい正方形と正五角形を重ねたものです。㋐の角度は□度です。

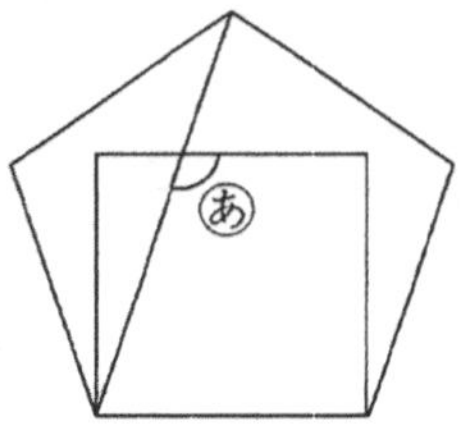

(4)　右の図の太線の長さの合計は□cm です。ただし，円周率は 3.14 とします。

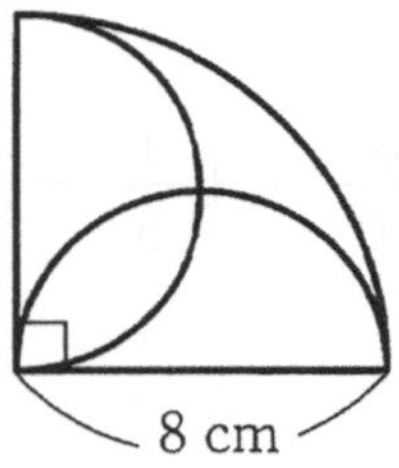

(5)　右の図は，直角二等辺三角形アイウの内部に，正方形エオカキをかいたものです。
アイの長さが 12 cm のとき，正方形エオカキの面積は□cm^2 です。

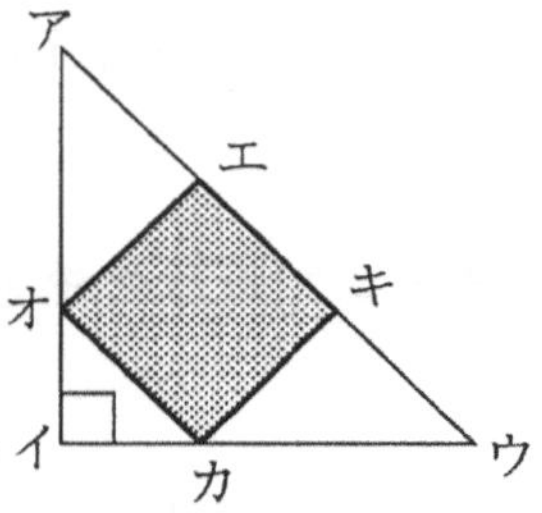

(6)　右の図のような円柱の形をした２つの空の容器ＡとＢがあり，容器の深さはどちらも 30 cm です。まず，Ａの容器に水をいっぱいに入れます。次に，２つの容器の水の深さが同じになるように，Ａの容器からＢの容器に水をこぼさないように移します。このとき，Ａの容器からＢの容器に移した水の量は□cm^3 です。ただし，円周率は 3.14 とし，容器の厚さは考えません。

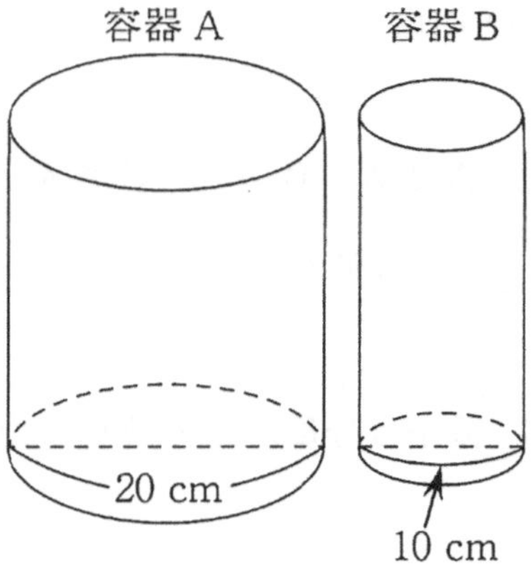

4　下の**図**のように，白石１個を１番目とし，２番目からは，黒石，白石を交互《こうご》に加えて正方形の形を作ります。また，下の**表**は，それぞれの図の番号の正方形の形について，白石の個数，黒石の個数，および，白石と黒石の個数の和をまとめたものです。このとき，次の(1)～(3)の□にあてはまる数を答えなさい。

図

表

図の番号	１番目	２番目	３番目	４番目	…
白石の個数	1	1	6	6	…
黒石の個数	0	3	3	10	…
白石と黒石の個数の和	1	4	9	16	…

(1)　７番目の白石の個数は□個です。

(2)　白石と黒石の個数の和が 100 になるときの白石の個数は□個です。

(3)　白石と黒石がそれぞれ 2024 個ずつあります。このとき，もっとも大きな正方形の形を作ることができるのは□番目の形です。

令和６年度　理　科（その１）　鹿児島修学館中学校

（30分）

1　修さんと学さんは天気に関して，先生も交えいろいろと話をしました。これについて，あとの問いに答えなさい。

修さん：去年の夏もすごく暑かったね。去年の夏は35℃を超える（　A　）が，日本全国で290地点観測された日があったそうだよ。

学さん：そんなに暑い日が多かったんだね。確かに熱中症《しょう》に関するニュースを多く見ました。今は昔より暑くなったと言われますが，本当ですか先生？

先　生：次の**表１**を見てごらん。これは鹿児島市の過去10年ごとの月平均気温を表にしたものです。これを見ると，単純に昔よりも今の方が暑くなっていると言えそうだね。

修さん：どの年のデータを見ても，一番気温が高いのは（　B　），一番気温が低いのは（　C　）と言えそうな傾向《けいこう》が見えるね。

学さん：熱中症だけでなく，大雨による災害のニュースも多く見ました。降水量は昔より今の方が多くなっているのですか？

先　生：**表２**は，鹿児島市の過去10年ごとの毎月の降水量の合計を表したものです。これだけ見てみると，50年前と今を比べて，確実に降水量が増えているとは言いづらいです。今後も気温の変化と降水量との関係は注意して見ていかないといけないですね。

表１　鹿児島市の月ごとの平均気温（単位：℃）

	1月	2月	3月	4月	5月	6月	7月	8月	9月	10月	11月	12月	年平均
1982	6.9	8.6	13.4	16.1	20.9	23.1	26.4	27.3	24	20.7	16.3	9.3	17.8
1992	13.9	13	17	21.8	24.8	25.9	30.3	31.2	29.8	25	20.2	15.9	22.4
2002	13.7	15.2	18.9	22.1	25.8	28.1	31.6	32.7	31	25	17.6	15.4	23.1
2012	12.4	13.9	17.4	21.8	25.9	26.9	31.8	32.2	29.4	26	18.7	13.9	22.5
2022	13.5	13	19.5	23.1	25	28.1	32.7	34	31.2	26.5	22.9	13.8	23.6

（気象庁の資料より作成）

表２　鹿児島市の月ごとの降水量の合計（単位：㎜）

	1月	2月	3月	4月	5月	6月	7月	8月	9月	10月	11月	12月	年合計
1972	161	160	138.5	324	243	548	406.5	102	189.5	107	133.5	61	2574
1982	72	135.5	113.5	145.5	211.5	222.5	424.5	235.5	184	40	188.5	39.5	2012.5
1992	91.5	55	336	262.5	81	650	306	272.5	69.5	39.5	48.5	109.5	2321.5
2002	72.5	60	123	198	191	517.5	347	124	28.5	136.5	100	136	2034
2012	52.5	145.5	188	296	83.5	858	418	338	248.5	35.5	122.5	109	2895
2022	45	23	186	335	165	486.5	414.5	198	284.5	31	170	77.5	2416

（気象庁の資料より作成）

(1)　気温を測る場所や方法として適切な条件を，「直射日光のあたらない」という文章に続けて簡単に答えなさい。

(2)　文章中の（　A　）にあてはまる言葉を，次の**ア**～**エ**から１つ選び記号で答えなさい。

ア　夏日　　　**イ**　真夏日　　　**ウ**　猛《もう》暑日　　　**エ**　熱帯夜

(3)　2022年の鹿児島市における一年間の気温変化のグラフが未完成となっています。足りていない点や線を書きこんで解答欄《らん》のグラフを完成させなさい。

(4)　文章中の（　B　），（　C　）にあてはまるもっとも適切な組み合わせを次の**ア**～**カ**から選び，記号で答えなさい。

	B	C
ア	6月・7月	12月・1月
イ	6月・7月	1月・2月
ウ	7月・8月	12月・1月
エ	7月・8月	1月・2月
オ	8月・9月	1月・2月
カ	8月・9月	2月・3月

令和６年度　理　科（その２）　鹿児島修学館中学校

⑸　文章中の下線部について，これからの降水に関してどのようなことが予想されますか。次の文中の空欄（　①　）～（　③　）にあてはまる適切な言葉を，語群からそれぞれ選びなさい。ただし，同じ番号には同じ言葉が入るものとします。

> 近年，地球の気温が上がっているのは，（　①　）の消費量が増えていることが原因のひとつではないかと考えられています。（　①　）の大量消費を続けることで，空気中の（　②　）が増えることが影響《えいきょう》するのです。それにより，これからも気温の上昇が続いていくと，長時間激しい雨が降り続くような現象が多くなることや（　③　）の大型化につながり，河《か》川《せん》のはんらんや土砂くずれなどの被害《ひがい》が増えていくのではないかと予想されます。

語群【　洗剤《せんざい》　　梅雨　　台風　　水蒸気　　酸素　　二酸化炭素　　化石燃料　】

2　修さんは，植物がよく成長するためには日光が必要であることと，植物の成長にはでんぷんが使われることを学習しました。そして，「なぜ，植物がよく成長するためには日光が必要なのか？」という問いを立てました。その問いに対し，次の２つの**仮説Ａ・Ｂ**を立て，以下の**実験**を行いました。

仮説Ａ：植物の葉に日光が当たるとでんぷんがつくられる。

仮説Ｂ：日光が当たった葉でつくられたでんぷんが，成長に使われる。

実験

材料：ジャガイモの苗《なえ》（葉が多くついている），アルミニウムはく，ヨウ素液

手順：①ある日（１日目）の明け方に，**図**のようにジャガイモの葉３枚（**葉ア～ウ**）を，それぞれアルミニウムはくで包んで，そのままにしておく。

②次の日（２日目）以降に，条件を変えた３枚の**葉ア～ウ**をヨウ素液にひたし，色の変化を観察する。

葉ア…次の日の朝８時に切り取った。

葉イ…次の日の朝８時にアルミニウムはくをはがして，５時間日光に当て，午後１時に切り取った。

葉ウ…（Ｘ）

図

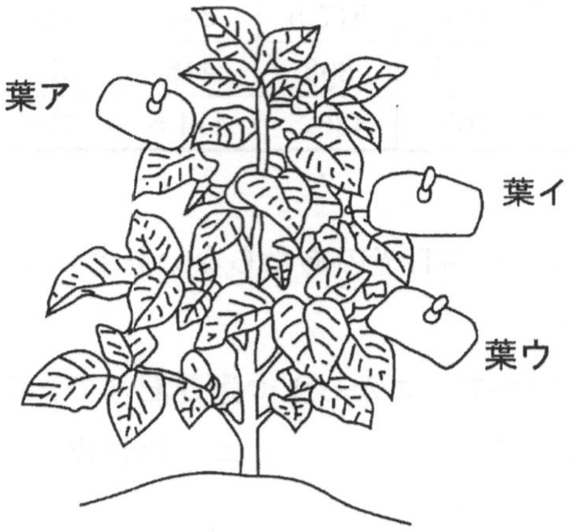

⑴　でんぷんができたかどうかを調べるためにヨウ素液という薬品を使いますが，この薬品はでんぷんと反応して何色に変わる性質があるか答えなさい。

⑵　**仮説Ａ**が正しかった場合，**葉ア**と**葉イ**について，それぞれどのような結果になるはずですか。ヨウ素液の色の変化に関して想定される結果を答えなさい。

⑶　**仮説Ｂ**が正しいことを証明するために，**葉ウ**はどのような条件にしたらよいですか。**葉ア**と**葉イ**を参考にして，実験中の空欄（Ｘ）に適する条件を答えなさい。

⑷　⑶で答えた条件の**葉ウ**について，**仮説Ｂ**が正しいとしたら，どのような結果になると想定されるか答えなさい。

令和６年度　理　科（その３）　鹿児島修学館中学校

３　氷がとけるときの「周囲の温度」と「とけるまでの時間」の関係を調べるために次の**実験**を行いました。これについて，あとの問いに答えなさい。ただし，とけた氷は全て水に変化し，水の蒸発による重さの減少は無視できるものとします。

実験１

中の温度が０℃から100℃まで自由に調節できる容器，糸，目の細かいざる，はかり，皿を用いて，**図１**のような装置をつくった。ざるに20ｇの氷を入れ，とけてできた全ての水がはかりの上の皿にたまるようにして，容器内の温度を20℃に設定し放置したところ，ちょうど60分で氷が完全にとけた。氷が完全にとけきるまでの時間と，皿の上にたまった水の重さの関係をまとめると**表１**のようになった。

図１

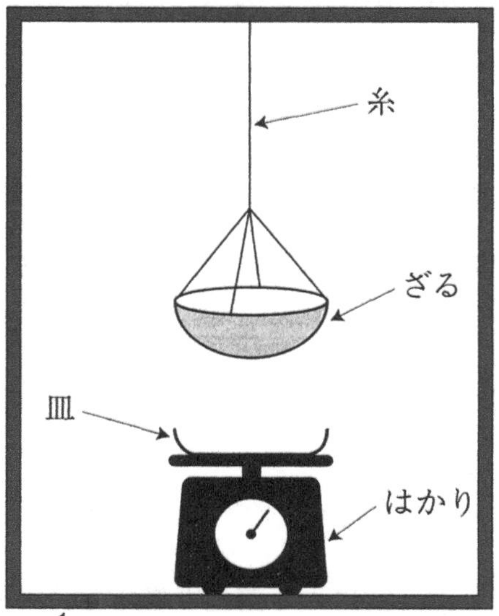

中の温度を自由に調節できる容器

表１

時間（分）	0	12	24	36	48	60
とけてできた水の重さ（ｇ）	0	4	8	12	16	20

実験２

20ｇの氷をざるに入れ，容器内の温度を10℃に設定すると，氷が完全にとけるまでに120分かかった。20ｇの氷を使用して，容器内の温度を20℃，30℃・・・と10℃ずつ変えて，同様の実験をくり返し，20ｇの氷が完全にとけるまでにかかる時間が容器内の温度によってどのように変化するかを調べたところ**表２**のようになった。

表２

容器内の温度（℃）	10	20	30	40	50	60
20ｇの氷が完全にとけきるまでの時間（分）	120	60	40	30	①	20

実験３

10ｇの氷をざるに入れ，容器内の温度を20℃に設定すると，氷が完全にとけるまでに30分かかった。容器内の温度を20℃に設定したまま，使用する氷の重さを20ｇ，30ｇ，・・・と10ｇずつ変えて同様の実験をくり返し，氷が完全にとけきるまでの時間が氷の重さによってどのように変化するかを調べたところ**表３**のようになった。

表３

ざるに入れた氷の重さ（ｇ）	10	20	30	40	50	60
氷が完全にとけきるまでの時間（分）	30	60	90	②	150	180

実験４

図２のように，２つの容器を用意した。容器**Ａ**は中の温度を30℃に設定し，容器**Ｂ**は中の温度を50℃に設定した。容器**Ａ**のざるには40ｇの氷を，容器**Ｂ**のざるには100ｇの氷を同時に入れ，放置して様子を観察した。

図２

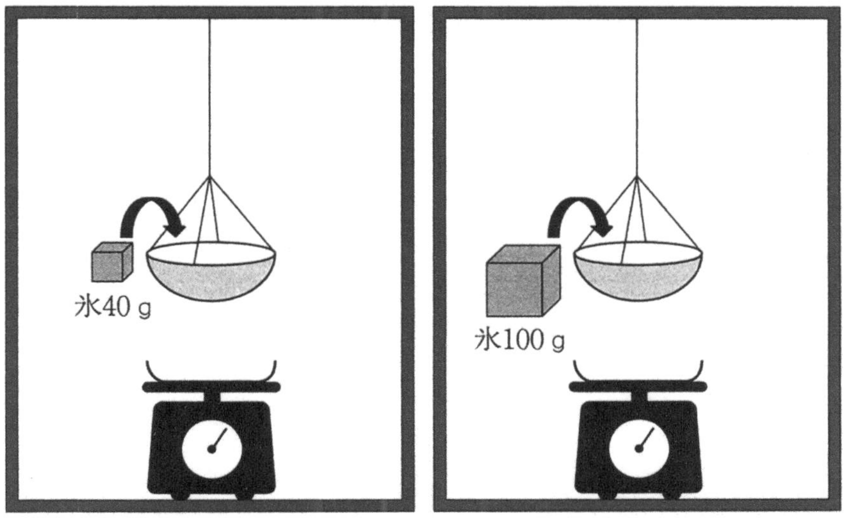

容器Ａ（30℃）　　容器Ｂ（50℃）

⑴　氷が水になる現象の仕組みを説明した文について，正しいものを下の**ア**～**エ**から二つ選び，記号で答えなさい。

ア　氷が水になるときは，まわりの熱をうばう。

イ　氷が水になるときは，まわりに熱を放出する。

ウ　氷が水になると，体積は大きくなる。

エ　氷が水になると，体積は小さくなる。

⑵　**実験１**から，「時間」と「とけてできた水の重さ」の関係はどのような関係にあることが分かりますか。10字以内で説明しなさい。

⑶　①，②に入る適当な数字をそれぞれ答えなさい。

⑷　**実験４**で，容器Ａと容器Ｂの氷は何分で完全にとけますか。それぞれ答えなさい。

⑸　容器内の温度を50℃に設定して，150分で氷が完全にとけるようにする場合，何ｇの氷を使用すればよいですか。

⑹　**実験４**で，容器Ａのざるの上に残った氷の重さと，容器Ｂのはかりの上の皿にたまった水の重さが等しくなる時間は何分後ですか。

令和6年度　社　会（その1）　鹿児島修学館中学校

（30分）

1　次は，修さんが授業で家畜《かちく》と資源について調べ，まとめた**表**の一部です。これについて，あとの各問いに答えなさい。

表

	ラクダ	豚《ぶた》	乳牛
家畜	数日間水を飲まずに生きられることから乾燥《かんそう》に強く，①砂漠《さばく》で荷物を運ぶのに役立ってきた。	鹿児島県は豚の飼育頭数が全国1位となっており，②畜産業が盛んで「畜産王国」ともよばれている。	えさになる牧草をつくる広い土地が必要で，高温に弱いため③北海道や高地などで飼育される。
	原油	石炭	鉄鉱石
資源	今日，最も利用されているエネルギー資源で，日本は国内で使用する④原油のほとんどを輸入している。	主に燃料として⑤火力発電や製鉄などに用いられ，かつては九州や北海道でも生産されていた。	最も身近な金属である⑥鉄の原料となり，日本ではオーストラリアやブラジルからの輸入が多い。

問1　下線部①について，次の文はサハラ砂漠の位置を示している**地図**について述べたものです。（　1　）～（　3　）に入る最も適当な語句を書きなさい。

> 世界には，6つの大陸と3つの大きな海洋があります。サハラ砂漠は，（　1　）大陸の北部に位置しており，（　1　）大陸は3つの大きな海洋のうち大西洋と（　2　）に面しています。また，地図や地球儀《ぎ》には，国や都市の位置を表すときに役立つ緯線《いせん》と経線が示されていますが，**地図**中に引かれている横の線は，緯度0°を表す（　3　）です。

地図

問2　下線部②について，畜産農家は消費者が畜産物を安心して買うことができるように，どこで，どんなえさを食べさせたかなど，生産から消費まできちんと管理をしています。このようなしくみのことを何といいますか。カタカナで答えなさい。

問3　下線部③について，**グラフ1・2**は，生乳の使われ方の推移と北海道の飲用乳の出荷先を示したものです。読み取れる内容について述べた，次の文中の【　①　】，【　②　】にあてはまる語句の組み合わせとして正しいものを下から選び，記号で答えなさい。

> 東京都などの大消費地から遠い北海道は，大消費地のある関東地方と異なり，生乳の使われ方の割合は【　①　】の方が高い。また，飲用乳の出荷先は関東地方の割合が最も高く，その出荷量は約【　②　】kLである。

ア　【　①　】：飲用　　【　②　】：23万2000
イ　【　①　】：飲用　　【　②　】：25万2000
ウ　【　①　】：乳製品用　【　②　】：23万2000
エ　【　①　】：乳製品用　【　②　】：25万2000

グラフ1

◆生乳の使われ方の推移

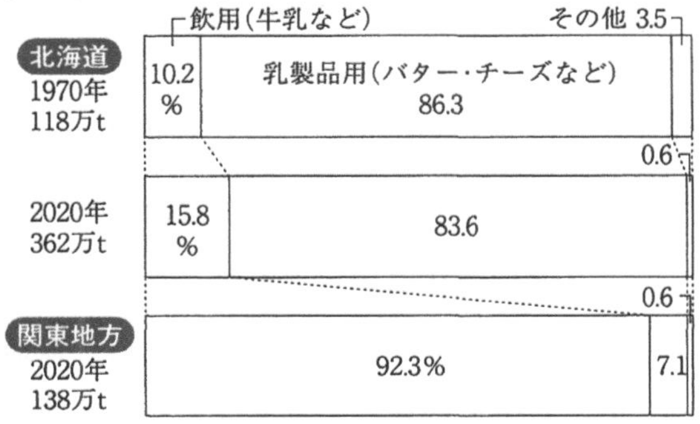

グラフ2

◆北海道の飲用乳の出荷先

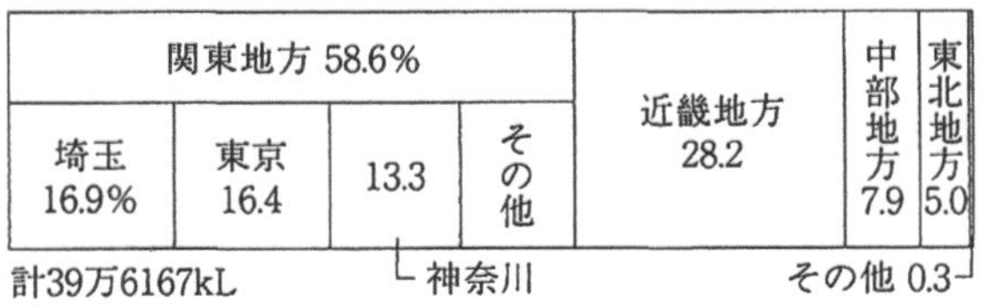

（2021年牛乳乳製品統計調査ほか）

問4　下線部④について，日本は石油をサウジアラビアやアラブ首長国連邦《れんぽう》など中東からの輸入に依存しています。これらの国々で主に信仰《しんこう》されている宗教名を書きなさい。

問5　下線部⑤について，火力発電は地球温暖化を引き起こすなどの問題もあり，近年自然エネルギーを利用した発電に期待が高まっています。**写真**は，鹿児島県鹿屋市輝北《きほく》町にある発電施設《しせつ》です。このような発電施設の地図記号を次から一つ選び，記号で答えなさい。

写真

ア 　　**イ** 　　**ウ** 　　**エ** 

問6　下線部⑥について，鉄を作る工場の多くは海ぞいに立地しています。その理由を，輸入する鉄鉱石の輸送手段や加工貿易の内容にふれて，簡潔に説明しなさい。

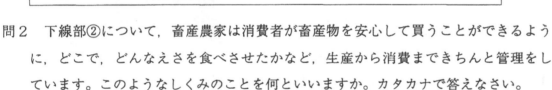

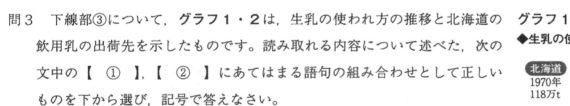

2　わたしたちの生活にとって，水は大切な資源です。これについて，あとの各問いに答えなさい。

問１　地球上の水は循環《じゅんかん》しており，海や地上にある水が水蒸気になって雨が降ります。次のグラフは，鹿児島，東京，富山，広島の降水量を示したものです。このうち，鹿児島の降水量を示したものを一つ選び，記号で答えなさい。

ア

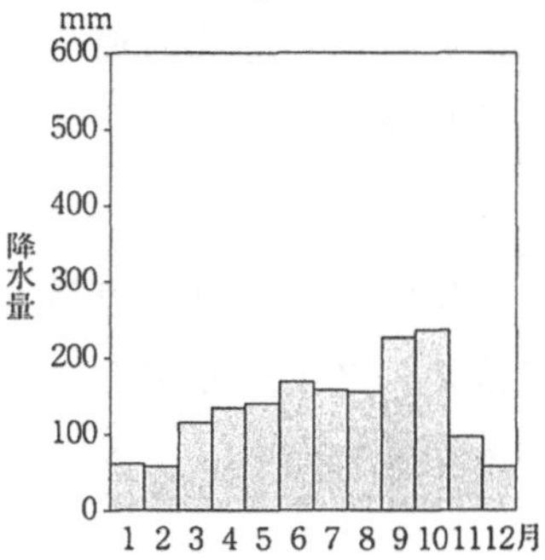

年降水量：1598.2mm

イ

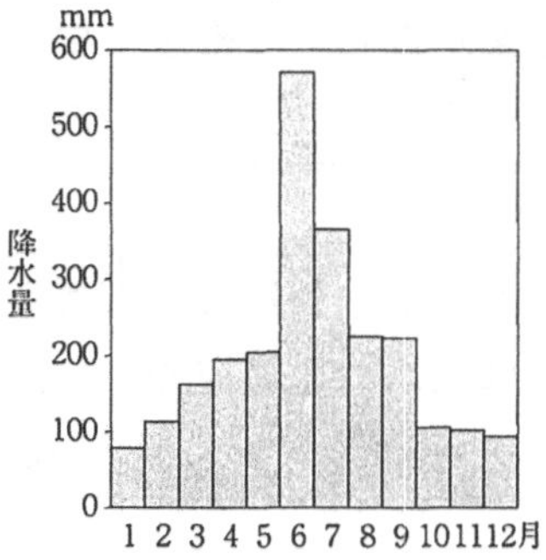

年降水量：2434.6mm

ウ

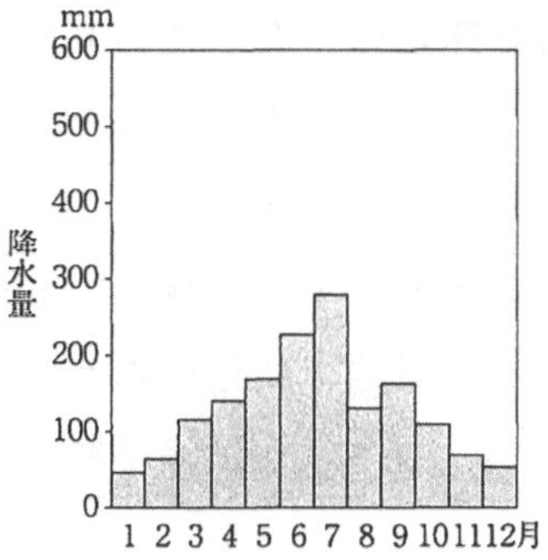

年降水量：1572.2mm

エ

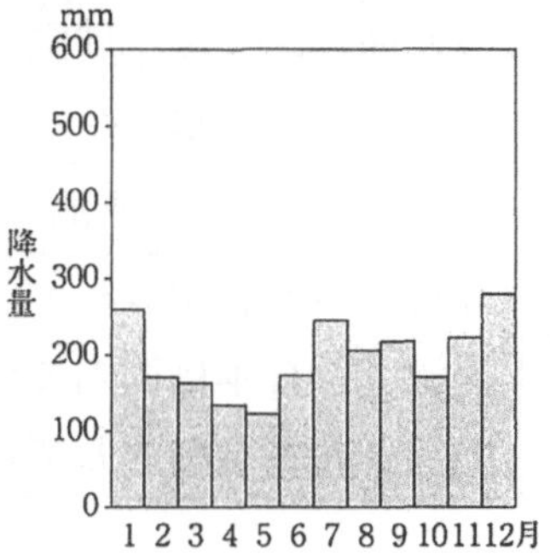

年降水量：2374.2mm

（気象庁資料より作成）

問２　問１で示したグラフのように，地域や時期によって降水量が多かったり少なかったりします。そのため，洪水《こうずい》や水不足が発生しないよう，川の水の量を調整するために右の**写真１**のような建造物がつくられています。これについて，あとの各問いに答えなさい。

(1)　このような建造物を何というか答えなさい。

(2)　このような建造物の中には，流れる水の力を使ってある役割を果たしているものがあります。その役割を，答えなさい。

写真１

問３　鹿児島県の笠野原《かさのはら》台地は，**写真１**のような建造物ができるまでは，水不足に悩《なや》まされ，井戸（**写真２**）を地下深くまで掘《ほ》って水を得ていました。地下深くまで井戸を掘らなければならなかった理由を，「**シラス**」という語句を使って簡潔に説明しなさい。

写真２

問４　右の**地形図**は，笠野原台地周辺の地域を示したものです。この**地形図**についての説明として，正しいものを次から一つ選び，記号で答えなさい。

ア　広葉樹林は見られるが，針葉樹林は見られない。

イ　台地の上は水が得にくいため，荒地《あれち》が広がり農業は行われていない。

ウ　北東に位置する畑では，茶が栽培《さいばい》されている。

エ　水をたくさん使う田んぼは，水を引きやすい川の周りに広がっている。

オ　地形図中を縦断している川は，南から北へ流れている。

地形図

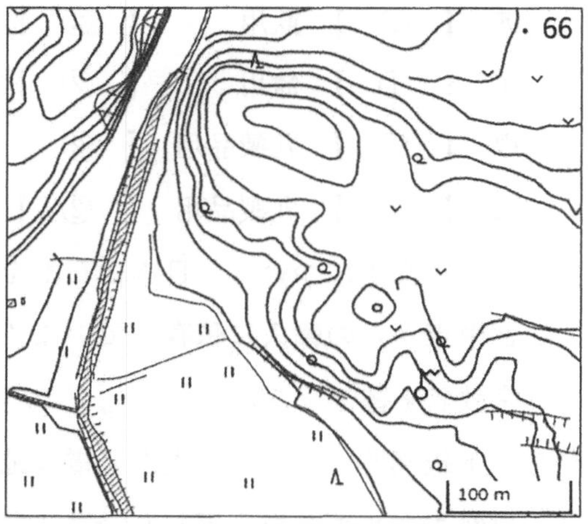

（上が北を示す）
（出典：地理院地図 Vector）

問５　限りある大切な資源である水は，使用したあともくり返し使われます。みなさんが家や学校で使ったあと，再び使われるまでの流れについて，次の**ア**～**オ**を正しい順番に並べなさい。

ア　水を配水池に貯める。

イ　水を浄水場《じょうすいじょう》できれいにする。

ウ　水を下水処理場できれいにする。

エ　水を川や海に流す。

オ　雨となって降り注ぐ。

問６　災害が発生した場合，断水する可能性があります。断水への備えとして，家庭ではどのようなことができますか。具体例を一つ挙げなさい。

令和６年度　社　会（その３）　鹿児島修学館中学校

３　小学校６年生の修さんは，日本の江戸時代までの歴史を右のような「歴史新聞」にまとめました。この新聞記事について，あとの各問いに答えなさい。

問１　記事中の（　１　）～（　３　）に入る最も適当な語句を書きなさい。

問２　記事中の――線部①について，江戸幕府の大名支配について述べた，次の文の（　　　）に入る最も適当な語句を漢字で書きなさい。

３代将軍となった徳川家光は，新しい武家諸法度《ぶけしょはっと》を定め，（　　　）を制度として整えた。大名は，自分の妻子《さいし》などを人質《ひとじち》として常に江戸の屋敷《やしき》に住まわせ，大勢の家来を連れて，一年おきに自分の領地と江戸の間を行き来した。

問３　記事中の――線部②について，この漢字をひらがなに直しなさい。

問４　記事中の――線部③について，次の写真のうち，正倉院の宝物でないものを一つ選び，記号で答えなさい。

ア

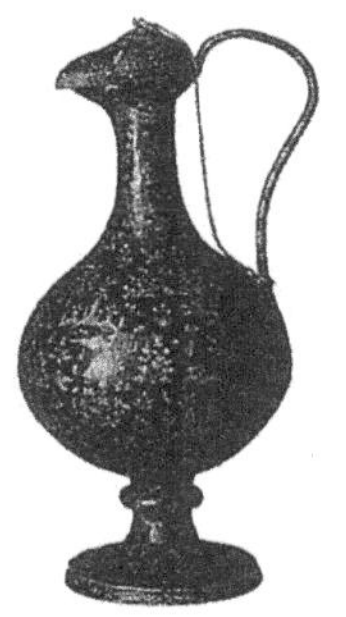

イ

ウ

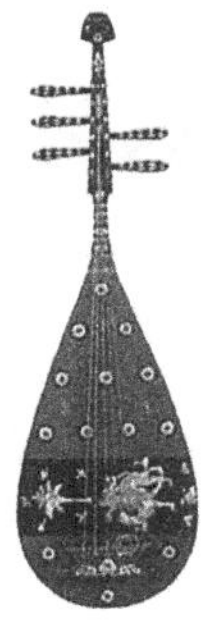

エ

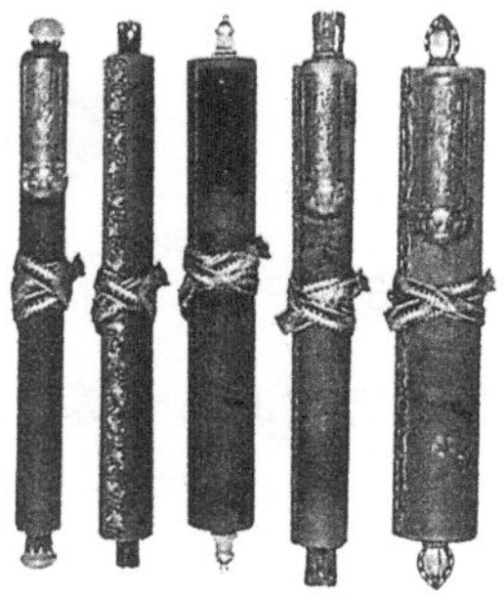

歴史新聞　　　　　1月5日

歴史新聞

発行者
○○小学校六年
永吉　修

広告

鹿児島修学館
中学校

A　幕府成立

平氏を滅《ほろ》ぼした源頼朝は、朝廷にせまって家来となった武士を地方の（　１　）や地頭につけ、大きな力をもつようになった。そして、朝廷から征夷大将軍《せいいたいしょうぐん》に任命され、鎌倉に幕府を開いた。

B　禁教《きんきょう》　鎖国《さこく》

①江戸幕府は、キリスト教を厳しく取りしまり、貿易の相手を、キリスト教を広めるおそれのないヨーロッパの（　２　）と中国に限り、貿易船の出入りを、幕府の港町である長崎に限って認めた。

C　コラム　聖徳太子

天皇の子として生まれ、天皇の政治を助ける摂政《せっしょう》になった。中国を統一した（　３　）の国に使節をおくり、天皇中心の新しい国づくりにつとめた。

D　コラム　正倉院

②校倉造とよばれる方法でつくられている。ここの③宝物には、聖武天皇が愛用したもののほか、貴族たちが奉納《ほうのう》した器や大仏開《かい》眼《げん》に使われた筆などがある。

E　文化　すみ絵（水墨画《すいぼくが》）

備中《びっちゅう》（岡山県）に生まれた④雪舟は、京都のお寺ですみ絵を学んだ後、周防《すおう》（山口県）に移り住んだ。その後、中国に渡ってすみ絵のうでをみがき、帰国後は日本の各地をめぐって大自然の雄大《ゆうだい》さを描《えが》いた。

F　秀吉の政策

天下統一をなしとげた豊臣秀吉は、平定した土地で※検地を行い、一方で刀狩令を出し、百姓たちから刀や鉄砲《てっぽう》などの武器を取り上げて、反抗《はんこう》できないようにした。

※解説　検地……

問５　記事中の――線部④について，この人物が生きていた時代（1420～1506）のできごととして，正しいものを一つ選び，記号で答えなさい。

ア　ザビエルが伝えたキリスト教が広まっていた。

イ　京都を中心に応仁の乱がおこった。

ウ　足利義満が銀閣《ぎんかく》を建てた。

エ　南朝と北朝の対立が続いていた。

問６　Ｆの記事の※について，秀吉の行った検地とは，どのような政策ですか。右の**絵**や**写真**を参考にして，「**生産高**」，「**耕作者**」，「**検地帳**」ということばを使い，新聞の解説欄《らん》を完成させなさい。

絵

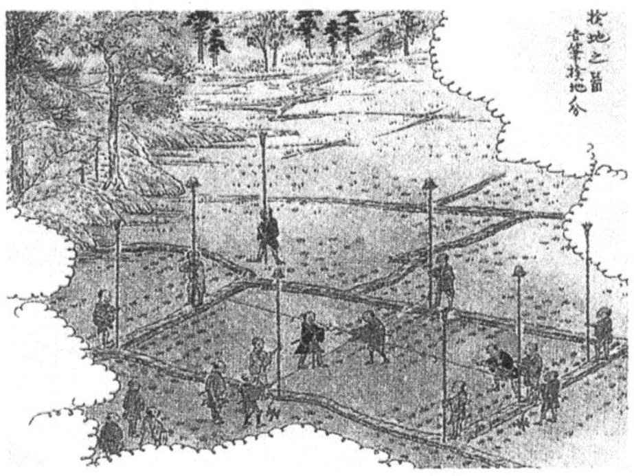

写真

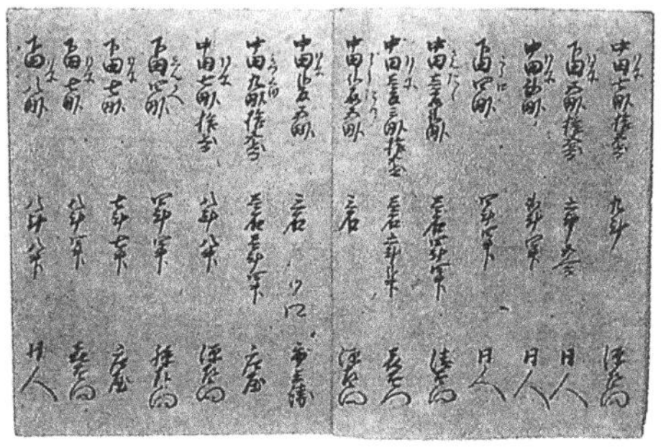

問７　Ａ～Ｆの記事を時代の古い順に並べなさい。

４　**資料１～４**について，あとの各問いに答えなさい。

問１　**資料１**は，令和５年８月６日，ある都市で開催《かいさい》された平和祈念式典で市内の小学校６年生の代表者２名が述べた「平和の誓《ちか》い」の一部です。

資料中の□には，すべてこの都市名が入ります。都市名を書きなさい。

問２　日本国憲法には三つの基本原則があります。**資料１**と最もかかわりの深い原則を書きなさい。

資料１

> みなさんにとって「平和」とは何ですか。（中略）
> 昭和20年８月６日午前８時15分。耳をさくような爆音《ばくおん》，肌が焼けるほどの熱。（中略）たった一発の爆弾《ばくだん》により，一瞬にして□のまちは破壊《はかい》され，悲しみで埋《う》め尽くされました。（中略）あれから78年が経ちました。
> 今の□は，緑豊かで笑顔あふれるまちとなりました。（中略）
> 今，平和への思いを一つにするときです。（中略）誰もが平和だと思える未来を，□に生きる私たちがつくっていきます。
> 〔□市ホームページより〕

問３　**資料２**は，現在の天皇の主な仕事内容です。天皇に関する説明として正しいものを次から一つ選び，記号で答えなさい。

ア　政治について権限をもたず，内閣の助言と承認にもとづいて，国事行為《こくじこうい》をおこなう。

イ　日本国の象徴《しょうちょう》であり，日本国民統合の象徴であって，政治に対し，強い権限を持っている。

ウ　国会で指名され，国民の願いを実現する，内閣の最高責任者である。

エ　争いや事故，犯罪などがおこったときに，法律にもとづいて判決をくだす。

資料２

- 憲法改正，法律，条約などを公布すること
- 国会を召集《しょうしゅう》すること
- 勲章《くんしょう》などを授与《じゅよ》すること
- 外交の文書を認めること
- 外国の大使などをもてなすこと

問４　**資料２**中の下線部に関して，次の各問いに答えなさい。

(1)　国会には二つの議院があります。一つは衆議院です。もう一つの議院の名称を書きなさい。

(2)　(1)のように国会に二つの議院があるのは，なぜですか。簡潔に説明しなさい。

問５　**資料３**は，鹿児島市の「すこやか子育て交流館りぼんかん」のシンボルマークです。これに関連して，次の各問いに答えなさい。

資料３

(1)　このような施設《しせつ》がつくられた背景には，社会の変化があります。直接あてはまらないものを次から一つ選び，記号で答えなさい。

ア　少子高齢《こうれい》化が進んでいる。　　**イ**　災害が増えている。

ウ　近所づきあいが減っている。　　**エ**　共働き世帯が増えている。

(2)　このような市の施設には税金が使われています。鹿児島市の税金の使い方である予算を決定するのはどこですか。次から一つ選び，記号で答えなさい。

ア　国会　　**イ**　鹿児島県議会

ウ　鹿児島市長　　**エ**　鹿児島市議会

問６　右の**資料４**は，「被災《ひさい》した地域を支援《しえん》する政治のしくみ」について図式化したものです。資料中の①～③にあてはまる語句の組み合わせとして正しいものを次から１つ選び，記号で答えなさい。

ア　①　国　　②　自衛隊　　③　派遣要請《はけんようせい》

イ　①　自衛隊　　②　国　　③　派遣要請

ウ　①　国　　②　自衛隊　　③　応援要請《おうえん》

エ　①　自衛隊　　②　国　　③　応援要請

資料４

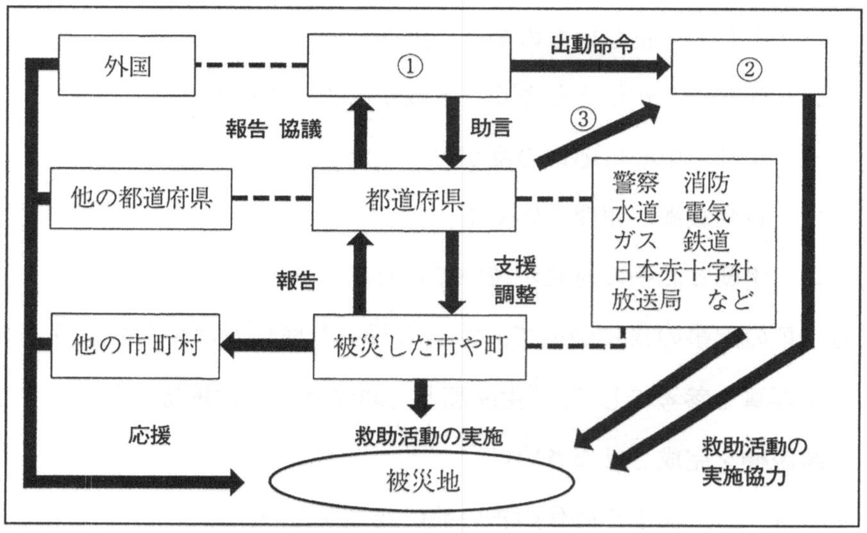

令和六年度 鹿児島修学館中学校入学者選抜試験 国語 解答用紙

1

問1 A D

問2

問3

問4 という難問

問5

問6

問7

問1．3点×2
問2．4点
問3．4点
問4．5点
問5．7点
問6．5点
問7．4点

受験番号

※100点満点

小計

2

問1

問2

問3

問4

問1．2点
問2．3点
問3．3点
問4．4点
問5．6点
問6．4点×2
問7．9点

問5

問6 Ⅰ Ⅱ

問7

小計

3

問1
(1) む
(2) る
(3)
(4)
(5)
(6) える
(7)
(8)
(9) く
(10)

問2
(1)
(2)
(3)
(4)

問3
(1)
(2)
(3)

問1．2点×10
問2．1点×4
問3．2点×3

小計

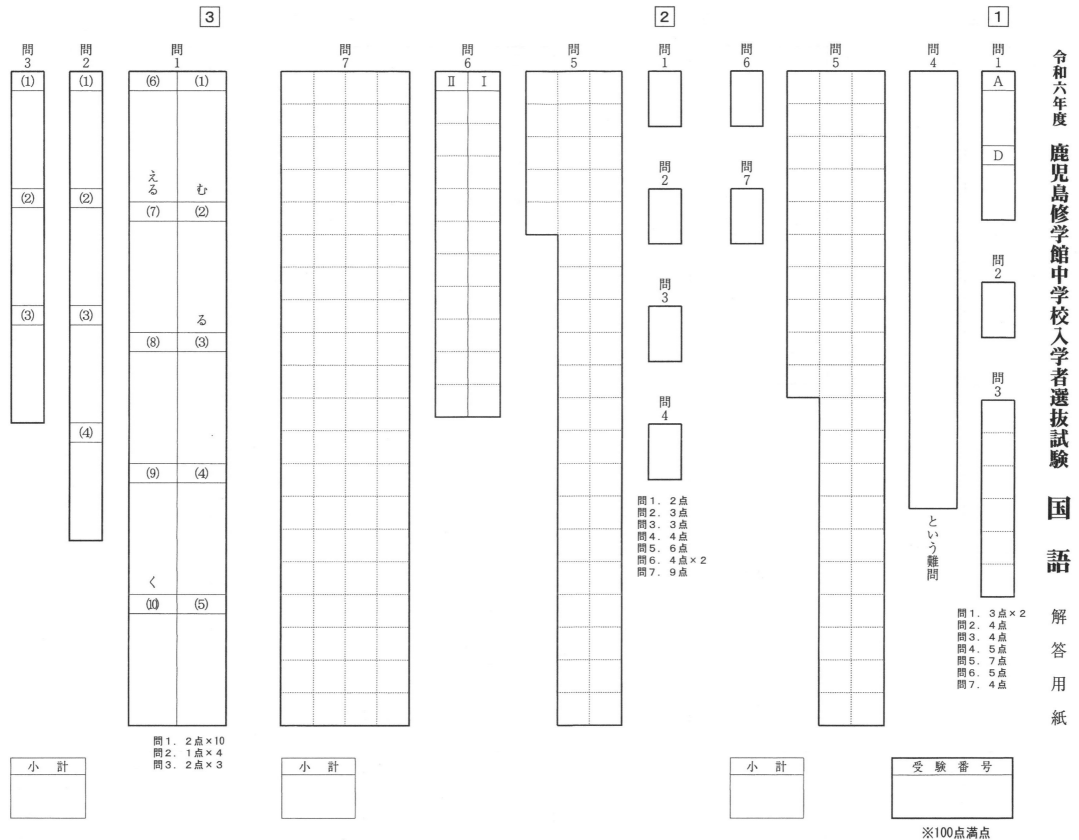

令和６年度　**鹿児島修学館中学校入学者選抜試験**

算　数　解答用紙

受験番号	

※100点満点

1

３点×８

(1)		(2)		(3)		(4)	
(5)		(6)		(7)		(8)	

1の小計

2

４点×10

(1)		(2)	試合	(3)	cm	(4)	通り
(5)		(6)	cm	(7)	m	(8)	人
(9)	度	(10)	日				

2の小計

3

４点×６

(1)	本	(2)	度	(3)	度	(4)	cm
(5)	cm^2	(6)	cm^3				

3の小計

4

４点×３

(1)	個	(2)	個	(3)	番目

4の小計

令和６年度　鹿児島修学館中学校入学者選抜試験

理　　科　解答用紙

受験番号	

※50点満点

1

(1)	直射日光の当たらない	(2)	
(3)	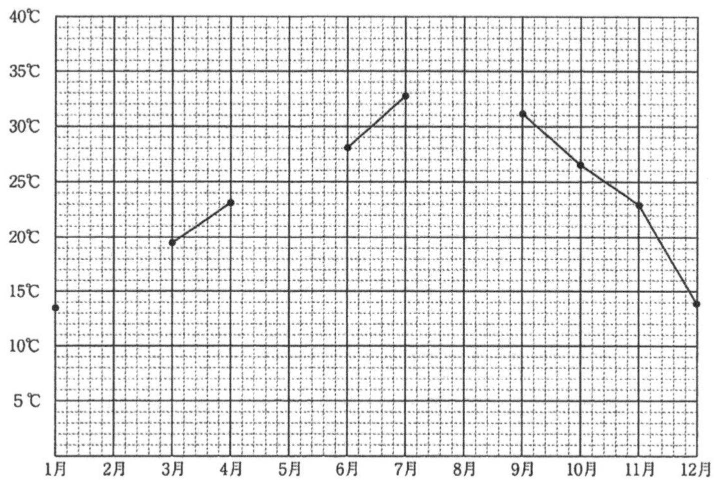	(4)	
		(5) ①	
		(5) ②	
		(5) ③	

(1) 4 点
(2) 2 点
(3) 4 点
(4) 2 点
(5) 1 点 × 3

1の小計

2

(1)		色
(2)	葉ア	
	葉イ	
(3)		
(4)		

(1) 4 点
(2) 2 点 × 2
(3) 4 点
(4) 4 点

2の小計

3

(1)				
(2)				
(3)	①		②	
(4)	A	分	B	分
(5)		g	(6)	分後

(1) 1 点 × 2
(2) 3 点
(3) 2 点 × 2
(4) 2 点 × 2
(5) 3 点
(6) 3 点

3の小計

令和６年度　鹿児島修学館中学校入学者選抜試験

社　会　解答用紙

受験番号	

※50点満点

1

	1	2	3
問1			

問2		問3		問4	教	問5	

問6	

問１．１点×３
問２．２点
問３．２点
問４．２点
問５．２点
問６．２点

1の小計

2

問1		問2	(1)	(2)

問3	

問4		問5	水を使用する → → → → → → 再び水を使用する

問6	

問１．２点
問２．１点×２
問３．２点
問４．２点
問５．２点
問６．２点

2の小計

3

	1	2	3
問1			

問2		問3		問4		問5	

問6	

問7	→ → → → →

問１．１点×３
問２．２点
問３．２点
問４．１点
問５．１点
問６．２点
問７．２点

3の小計

4

問1	市	問2		問3	

問4	(1)	(2)

問5	(1)	(2)	問6	

問１．１点
問２．１点
問３．１点
問４．(1)１点
　　　(2)２点
問５．２点×２
問６．２点

4の小計

令和五年度　国語（その一）　（45分）　鹿児島修学館中学校

1　次の文章を読んで、あとの問いに答えなさい。（字数制限のある問題の解答は、句読点や「　」なども字数に数えます。）

現在、中学生や高校生の中で将来農業をしたいと考えている人は決して多くありません。でも、若い世代が*就農しない状態が今後もずっと続くと、いつか日本で農業をする人はいなくなってしまいます。私たちが今当たり前に食べている国産のお米や野菜、卵や牛乳、肉などを食べることはできなくなります。林業や漁業をする人も減っていますので、キノコやタケノコ、魚も食べられなくなるかもしれません。【　A　】、多面的機能が失われ、さまざまな社会問題が噴出《ふんしゅつ》してしまいます。そんな未来はだれも望んでいないはずです。

私たちは今、農業に対する古い評価を捨てて、「SDGsに貢献《こうけん》する未来の職業」として農業を再評価する必要があります。そのためにも、農業を*アグロエコロジーへ転換《てんかん》し、名実ともに持続可能な社会の基礎《きそ》としなければならないでしょう。そうすれば、①農業が若い世代にとって魅力《みりょく》のあるあこがれの仕事に生まれ変わるはずです。逆に、そのような農業の未来図を描《えが》けない場合、私たちは社会の未来、自分たち自身の未来を失うことになります。

ロボット技術や人工知能（AI）が発達する現代では、単調な農作業は人間がしなくてもよいという考え方もあります。【　B　】、農作業は本当に退屈《たいくつ》な労働でしょうか。それどころか、さまざまな仕事がロボットやAIによって代替《だいたい》され、労働時間が短くなったときに、長くなった余暇《よか》を使って人間が楽しみたいと思うのが農業なのです。

農業は作付《さくづけ》のスケジュール管理から経営におよぶ高度に知的な営みであり、また体を動かして汗《あせ》を流す健康的な営みでもあります。農業が中高生のあこがれの仕事としてよみがえるとき、私たちの働き方や暮らし、価値観は変わり、新しい社会の地平が拓《ひら》けるでしょう。

家族で営む農業には、家族関係がつきまといます。もし、家族のだれかが我慢《がまん》をしたり、無理をしなければならない状態が続いたりするようであれば、その家族農業は長く続かないかもしれません。

女性や若者の意見が反映されなかったり、意思を尊重してもらえなかったりすれば、女性や若者はその家から離《はな》れて、農業を受け継《つ》ぐことはないでしょう。新規就農をしたとしても、やはり家族のだれかがつらい思いをしている場合は、いつか継続《けいぞく》が困難になる可能性があります。

（中　略）

持続可能な社会に移行するためには、小規模な家族農業によるアグロエコロジーがカギになるということを、本書ではお伝えしてきました。また、国連や*EUもその方向に②舵《かじ》を切っていることもご紹介《しょうかい》しました。しかし、日本でそうした未来を描くためには、見直さなければならないことがたくさんあります。

例えば、人口の東京一極集中の見直しは避《さ》けて通れない課題です。日本の人口の約3割が東京圏《けん》（東京都、神奈川県、埼玉県、千葉県）に集中しています（2019年）。さらに、東京、名古屋、大阪の三大都市圏の人口は、全人口の過半を占《し》めています。

人口の過密化と*過疎《かそ》化の問題は以前から指摘《してき》されていましたが、持続可能な食と農のシステムを構築するためにも、人口の都市集中の流れを変える必要があります。新型コロナウイルス禍《か》は世界的な都市化の流れを見直す*契機《けいき》になるかもしれません。

（中　略）

給食の時間の気づきから始まった食と農のお話は、持続可能な社会への移行という大きなお話に③たどりつきました。それでは、その持続可能な社会にはだれが連れていってくれるのでしょうか。

国連が何かを変えてくれるのでしょうか。中央政府や自治体が動いてくれるのでしょうか。有力な政治家はどうでしょうか。産業界が立ち上がるかもしれません。賢《かしこ》い学者たちが先導してくれるでしょうか。農業団体や消費者団体、市民団体がリードしてくれると期待している人もいるでしょう。

でも、もしあなたが「きっとだれかが変えてくれる」と思っているとしたら、おそらくみなさんが大人になったときも、残念ながら持続可能な社会は訪れていません。

みんなが「自分以外のだれか」が行動するのを待っていては、何も変わらないまま時間は過ぎ、その間にも危機は深まるばかりです。世界に変化を望むなら、④まず自分がその変化にならなければならないのです。

自分ひとりができることは小さいことのように思えます。しかし、ひとりが変われば、家族や友人、先生、地域の人たちに変化の環《わ》が広がります。例えば、ベランダ菜園や果物の収穫《しゅうかく》イベントのように身近な場所から、食と農に楽しみながら関わりを持ってみることは、その第一歩になります。

一人ひとりが連帯すれば、それはやがて大きな変革の波になります。食と農から始まる社会システムの転換《てんかん》について考え、行動する。その旅はすでに始まっています。

（関根《せきね》佳恵《かえ》『13歳からの食と農　家族農業が世界を変える』による）

令和五年度　国語（その二）　鹿児島修学館中学校

＊（注）　就農＝仕事として農業を始めること。
アグロエコロジー＝生態系と調和を保ちながら作物を育てる農業や農法。
ＥＵ＝ヨーロッパ連合。ヨーロッパの政治や経済において、協力し合う目的で集まった共同体。
過疎化＝人口が急激に減少し、残された人々の生活が不便になること。
契機＝きっかけ。

問１　【　Ａ　】・【　Ｂ　】に入る言葉の組み合わせとして最も適当なものを次から選び、記号で答えなさい。

ア　Ａ　それで　Ｂ　または　　イ　Ａ　また　Ｂ　しかし
ウ　Ａ　でも　Ｂ　さて　　エ　Ａ　しかし　Ｂ　つまり

問２　――線部②とありますが、「舵を切る」とはどういう意味ですか。最も適当なものを次から選び、記号で答えなさい。

ア　「向きを変える」という意味　　イ　「反対のことをする」という意味
ウ　「動きを止める」という意味　　エ　「動きをあやつる」という意味

問３　――線部③「たどりつきました」の主語を本文中から書きぬきなさい。

問４　――線部①「農業が若い世代にとって魅力のあるあこがれの仕事に生まれ変わる」とありますが、そのためにどうすればよいと筆者は述べていますか。本文中の言葉を用いて、五十字以内で書きなさい。

問５　――線部④「まず自分がその変化にならなければならない」とはどういうことですか。具体的に述べられている一文を探し、最初の五字を書きぬきなさい。

問６　本文の内容に最も合うものを次から選び、記号で答えなさい。

ア　アグロエコロジーについてみんなで考えていくことで、農業の未来がどう進んでいくべきか見えてくるということ。
イ　「ＳＤＧｓ」について考えていくうえで、あなた一人の意識が変わると、みんなも進む方向が見えてくるということ。
ウ　あなた自身が農業についてどう考えるかで社会は変わり、農業に対する若者たちの意識も変わっていくということ。
エ　一人ひとりが農業について再認識することが、持続可能な社会をつくるうえで重要なかぎとなっているということ。

問７　文章中に出てきた「ＳＤＧｓ」について、次の条件であなたの考えを八十字以内で書きなさい。

条件　①　次の三つの目標の中から一つ選び、解答らんに番号を書くこと。

※お詫び：著作権上の都合により，イラストは掲載しておりません。
ご不便をおかけし，誠に申し訳ございません。　教英出版

12　つくる責任　つかう責任

13　気候変動に　具体的な対策を

16　平和と公正を　すべての人に

12　**つくる責任、つかう責任**
生産者も消費者も、地球の環境《かんきょう》と人々の健康を守れるよう、責任ある行動をとろう。

13　**気候変動に具体的な対策を**
気候変動から地球を守るために、今すぐ行動を起こそう。

16　**平和と公正をすべての人に**
平和でだれもが受け入れられ、すべての人が法や制度で守られる社会をつくろう。

②　目標を実現するために、解決しなければならない問題を一つあげること。
③　②であげた問題について、あなたが考える解決への具体的な取り組みを書くこと。

令和五年度　国　語（その三）　鹿児島修学館中学校

2　次の文章を読んで、あとの問いに答えなさい。（字数制限のある問題の解答は、句読点や「　」なども字数に数えます。）

「望月恵介《もちづきけいすけ》」が苺《いちご》のハウスを見学に来た園児たちを迎《むか》える場面である。「望月恵介」は※グラフィックデザイナーの仕事をしていたが、父親が体調を崩《くず》してしまい、三ヶ月前から妻の「美月《みづき》」と五歳になる息子「銀河《ぎんが》」を東京に残して静岡の実家に戻《もど》り、父の代わりに母親と苺の栽培《さいばい》をしている。「進子《しんこ》」、「誠子《せいこ》」は「恵介」の姉で、「雅也《まさや》」は「誠子」の夫、「陽菜《はるな》」はその娘《むすめ》である。

ハウスの前に並んだ園児は、三歳児から五歳児まで全部で四十三人。いつもは静かな場所が、※ウミネコの繁殖《はんしょく》地になった。先生の一人がぱちんと手を叩《たた》いて、子どもたちの注意を集める。

「みんな～、今日お世話になる農家の望月さんでーす」

そう言って、母親ではなく恵介を片手でさし示した。

いや、俺《おれ》は、農家の望月さんじゃなくて、これは親の手伝いで、本業は——そんな言葉が体から出たがって①喉《のど》の奥《おく》がむずむずした。子どもの頃《ころ》から、農業はかっこ悪い、そう考えてきたからだ。自分一人の仕事場ではジャージの上下で、締《し》め切り間際にはタオルを鉢《はち》巻きにするフリーのグラフィックデザイナーだって、ちっともかっこいい仕事じゃないのに。

「はい、ご挨拶《あいさつ》～」

「おおおせおせわわにになりまおせわまますすす」

練習してきたのだろうが、声も頭を下げるタイミングもバラバラ。列から脱走《だっそう》して走りまわっている子もちらほら。うんうん、いいんだよ、子どもはそれで。でも、ハウスのフィルムはエアドームじゃないんだから、ぴょんぴょん跳《は》ね飛び遊びをするのはやめなさい。

進子ネエが子どもたちに容器を渡《わた》す。カップ型のプラスチック容器をホチキスで繋《つな》いだもので、一方に※コンデンスミルクが入っている。もう一方は苺のヘタ入れだ。

「えーミルクなしも試してみてぇ……ください。あー苺本来の……そのものの味が楽しめる……のよぉ」

進子ネエは子どもに慣れていないし、常々、子どもは好きじゃない、と公言している人だから、動作も言葉もぎこちない。三歳児の列に四歳児が乱入すると、なけなしの②猫撫《ねこな》で声が一変してしまった。

「こら、危ない。小さい子が先だよ。きちんと並んでっ」

（中　略）

ハウスは、ちびウミネコ軍団に、完全に制圧されつつあった。かつて名古屋のデパートの紳士《しんし》服売場で働いていて、子どものあしらいもうまい誠子ネエがいてくれたら、もう少しうまくやれただろうに。

誠子ネエは昨日から名古屋へ帰っている。雅也さんと話し合うためだそうだが、前向きな話じゃないことは明らかだった。陽菜を置いて家を出る前にこう言っていた。「あの人に会うのはこれで最後かもしれない」

進子ネエによれば「去年の十一月に戻ってきた時も、同じことを言ってたっけ」だそうだが。

この二月に七十になった親父が、なぜ無謀《むぼう》にも来シーズンの苺の数を増やそうとしたのか、毎日開いているノートを見ているうちに③恵介にはわかった。

11月6日　紅ほっぺ　240　予約

この時点では、前年と同数。それがその翌週に、急遽《きゅうきょ》、こう書き加えられている。

11月12日　追加予約　章姫《あきひめ》　160

後から知ったことだが、誠子ネエが前回出戻ってきて「もう名古屋には帰らない」と宣言したのは、母親の誕生日にかこつけて帰ってきた時だそうだ。母親の誕生日は十一月八日だ。

親父はこう考えたに違《ちが》いない。

「これからは、誠子と陽菜のぶんも稼《かせ》がねば」

まだ白い実をむしりとっている銀河と同じ年頃の子どもに、恵介は熟《じゅく》した赤い実を渡してやる。銀河と、少し前の銀河が四十三人集まっていると思えば、怒《おこ》ったりはできなかった。

この年になって恵介はようやく気づいた。親父の農業の方向転換や事業拡大は、ただの気まぐれに見えて、いつも理由があったことに。

（中　略）

振《ふ》り返ると真下に、三歳児だろう、ひときわ幼い女の子がいた。空《から》になった容器を両手でかかえあげて恵介に見せてくる。目が合うと、口をくし切りのかたちにして、にんまぁと笑った。練乳《れんにゅう》がなくなったから欲しい、ということのようだ。

「ああ、ちょっと待ってね」

保育園児に人生を説《と》きながら練乳をつぎ足している進子ネエのところへ歩きかけてから、子どもの前にしゃがみこむ。

「そうだ。ミルクなしで食べてごらん。ほんとうはそのほうがおいしいんだよ」

女の子はぷるぷると首を横に振る。両手の容器もぷるぷる。

だよなぁ。銀河だって、苺に牛乳をたっぷりかけてから、スプーンで潰《つぶ》して食べる。美月のほうのバアバに教わった食べ方だそうだ。苺が甘さに乏《とぼ》しく酸《す》っぱい果物だった時代の風習が、世間には根強く残っているのだ。

④少し前なら、どう食べようが人の好き好きだ、と気にも留めなかっただろうが、いまの恵介には、何種類もの具材を何時間も煮《に》込んだスープに、どばどばとケチャップを注いでトマト味にしてしまうぐらいもったいないことに思えた。

「ほら、これを食べてごらん」

葉陰《はかげ》に隠《かく》れていた大粒《おおつぶ》をもいで差し出す。

ひと口まんじゅうみたいなちいさくてまるっこい手が⑤おずおずと苺をつまみ取ったが、口には入れず、空っぽの容器と見比べて眉《まゆ》と眉をくっつけた。しゃびゃあ、泣かせちまったかと思ったら、ぱかんと口を開けた。銀河と同じだ。何かを口に入れる時にはまず、口を食べ物と同じ大きさに開く。

大きく口を開いたわりには、ほんの少しを小さく齧《かじ》り取る。ほっぺたをもくもくふくらませたとたん、女の子の目が糸になった。

「ほっほう」

紙をまるめたみたいに顔をくしゃくしゃにした。

（荻原《おぎわら》　浩《ひろし》『ストロベリーライフ』による）

※（注）　グラフィックデザイナー＝雑誌の広告やポスターなどの印刷物をデザインする人。

ウミネコ＝カモメ属の鳥類。　　コンデンスミルク＝練乳。

問1　――線部①「喉の奥がむずむずした」とありますが、この表現から恵介のどのような気持ちが読み取れますか。最も適当なものを次から選び、記号で答えなさい。

ア　農業の素晴らしさを伝えるには、実際に農業を体験してほしいという気持ち。

イ　好きな農業に比べると、子どもの相手をするのは得意ではないという気持ち。

ウ　慣れていない農業について、自信をもって話すことができないという気持ち。

エ　農業は父の代わりとして仕方なくやっていることを主張したいという気持ち。

問2　――線部②「猫撫で声」の意味として最も適当なものを次から選び、記号で答えなさい。

ア　優しげな声の様子　　イ　にごっている声の様子　　ウ　相手に聞こえない声の様子　　エ　泣き出しそうな声の様子

問3　――線部③「恵介にはわかった」とありますが、何がわかったのですか。四十字以内で答えなさい。

問4　――線部④とありますが、「少し前」の恵介と「いまの恵介」はどのように変化しましたか。五十字以内で書きなさい。

問5　――線部⑤「おずおずと」の意味として最も適当なものを次から選び、記号で答えなさい。

ア　怒りながら　　イ　恥《は》じらいながら　　ウ　ためらいながら　　エ　泣きながら

問6　次の一文は本文での園児に対する恵介の接し方をまとめたものです。[A]に入る言葉を二字で文章中から抜き出しなさい。また、[B]に入る言葉を五字以内で考えて書きなさい。

園児たちを[A]と重ね合わせ、[B]接している。

問7　本文の内容および表現上の特ちょうとして最も適当なものを次から選び、記号で答えなさい。

ア　苺ハウスにやって来た園児たちののびのびとした姿や表情が、比ゆ表現をとおして生き生きとえがかれている。

イ　苺の本来のおいしさを伝えるために苦労する主人公の思いが、比ゆ表現をとおしてていねいにえがかれている。

ウ　園児のしつけのためにハウス内を走り回る先生の苦労が、園児との会話をとおしてしみじみとえがかれている。

エ　安定した収穫《しゅうかく》が見込めず経営に苦しむ苺農家の大変さが、父と子の会話をとおしてこまやかにえがかれている。

令和五年度　国語（その五）　鹿児島修学館中学校

3　次の各問いに答えなさい。

問1　次の――線部の漢字はひらがなに、カタカナは漢字に直しなさい。

(1)　全権を委ねる。
(2)　先生に率いられる。
(3)　昔からの養蚕の仕事。
(4)　才能を育む環境。
(5)　口実を設ける。
(6)　ゼッタイゼツメイの危機。
(7)　朝日をオガむ。
(8)　センモンカの調査。
(9)　料理店をイトナむ。
(10)　国家をオサめる。

問2　次の四字熟語の読みをひらがなで書き、その意味をあとから選び、記号で答えなさい。

①　一朝一夕　②　言語道断　③　以心伝心

ア　口に出して言わなくても気持ちが通じること。
イ　控《ひか》えめに話すこと。
ウ　楽しい時の過ぎやすいこと。
エ　わずかな時間のこと。
オ　心をしっかり伝えること。
カ　もってのほかのこと。

問3　次の各文の【　】に漢字を入れて、慣用句やことわざを完成させなさい。

①　好きこそものの【　　　　】なれ。（好きだと何でも熱心にやるので、より上達すること。）
②　【　　　　】は一見にしかず。（話できくよりも、目で見た方が理解できること。）

令和５年度　算　数（その１）　鹿児島修学館中学校

（45分）

1　次の(1)～(8)の □ にあてはまる数を答えなさい。

(1)　$901 - 764 =$ □

(2)　$59 \times 68 =$ □

(3)　$24 + 36 \div 9 - 18 =$ □

(4)　$5.43 - 3.47 =$ □

(5)　$6.08 \div 3.2 =$ □

(6)　$\frac{11}{15} - \frac{3}{10} + \frac{1}{6} =$ □

(7)　$\frac{35}{64} \div 1\frac{1}{4} =$ □

(8)　$\frac{8}{15} - \frac{3}{10} \times \frac{2}{3} =$ □

2　次の(1)～(8)の □ にあてはまる数を，(9)の □ にあてはまる式を答えなさい。また，(10)の問いに答えなさい。

(1)　子どもの体の水分量は体重の約 70 ％です。体重が 40 kg の子どもの水分量は約 □ kgです。

(2)　16 チームで野球の勝ちぬき戦をします。優勝チームが決まるまでの全部の試合数は □ 試合です。

(3)　長さ 100 mの道に，2 m おきにはしからはしまで木が植えられています。木は全部で □ 本になります。

(4)　96 と 144 の最大公約数があります。その数の約数のすべての和は □ です。

(5)　音は，気温 0 ℃のとき 1 秒間に 331 m 進み，気温が 5 ℃上がると音速は秒速 3 m 速くなります。教室にいるときに，いなずまが光ってから 6 秒後にかみなりが落ちる音がしました。気温が 15 ℃のとき，かみなりは教室から □ km はなれた場所に落ちたと考えられます。

(6)　1 本 120 円のボールペンがあります。まとめ買いをすると割引になるセールをしています。6 本まとめて買うと 684 円，12 本まとめて買うと 1296 円で買うことができます。6 本まとめて買うときと比べて，12 本買うときの方が □ ％お得に買うことができます。ただし，消費税は考えないものとします。

(7)　36 L でガソリンが満タンになる自動車があります。この自動車は 360 km 走るのに 15 L のガソリンを使います。ガソリンを満タンにしてから走り始め，途中《とちゅう》でガソリンを追加して 1212 km 走りました。このとき，この自動車はあと 132 km 走ることができます。途中で追加したガソリンは □ L です。

(8)　鉛《えん》筆が 50 本以上 100 本未満あります。この鉛筆を 3 本ずつのセットにすると 2 本あまり，4 本ずつのセットにすると 3 本あまり，5 本ずつのセットにするとあまりがでません。このとき，鉛筆は □ 本あります。

(9)　りんごが 5 箱と何個かあります。箱には同じ数ずつりんごが入っています。あと 4 個あればもう 1 箱できて，全部で 6 箱になります。1 箱に入っているりんごの数を x 個としたとき，りんご全部の個数を x を使って表すと □ 個です。

(10)　$500 \times \frac{4}{5}$ の式になる問題を 1 題作りなさい。ただし，次の語句の中から 1 つ選び使用しなさい。

【語句】かごしま茶　　さつまあげ　　鹿児島黒牛　　大島つむぎ　　さつま焼

令和５年度　算　数（その２）　鹿児島修学館中学校

3　次の(1)～(6)の □ にあてはまる数を答えなさい。

(1)　右の図は，長方形を折り曲げたものです。㋐の角度は □ 度です。

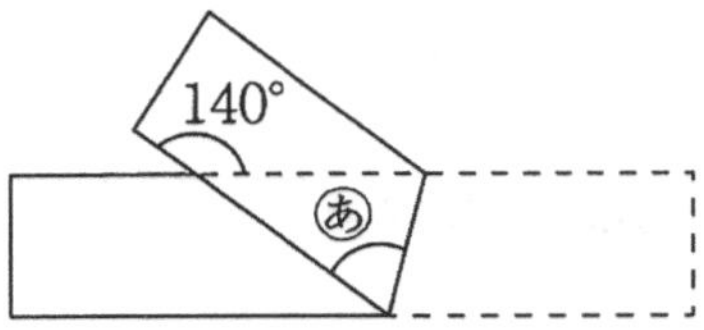

(2)　右の図は，正五角形の内部に，辺アイと辺アウの長さの等しい二等辺三角形をかいたものです。㋐の角度は □ 度です。

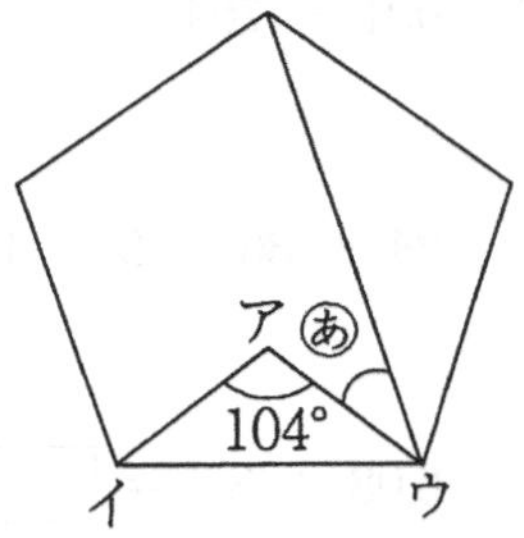

(3)　右の図は，直径 8 cm の半円を点アを中心に 45° 回転したものです。▒ の面積は □ cm^2 です。ただし，円周率は 3.14 とします。

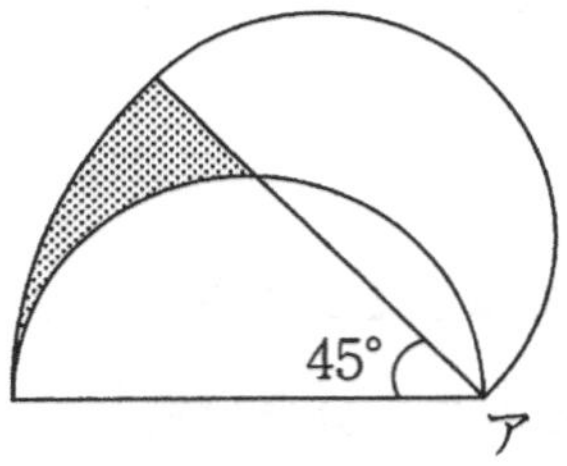

(4)　右の図は，面積が 90 cm^2 の正六角形です。▒ の面積は □ cm^2 です。

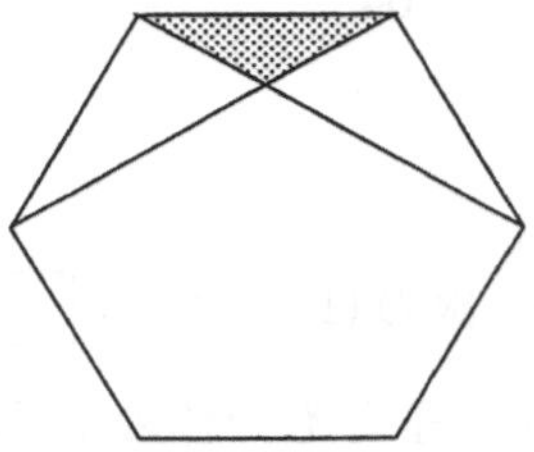

(5)　右の図は，１辺の長さが 3 cm の立方体を積み上げた立体です。この立体の表面積は □ cm^2 です。

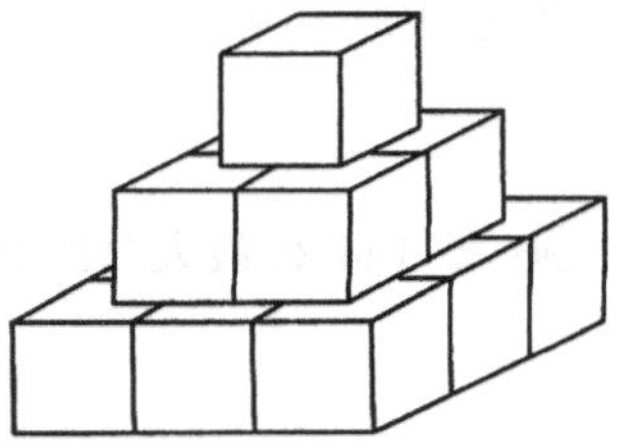

(6)　右の図のように，平面の上にたおした円すいを，円すいの頂点Ｏを中心として，すべらないように転がします。この円すいは，転がし始めてからもとの位置にもどるまでに，ちょうど５回転しました。このとき，平面の上にえがかれた円の半径は □ cm です。ただし，円周率は 3.14 とします。

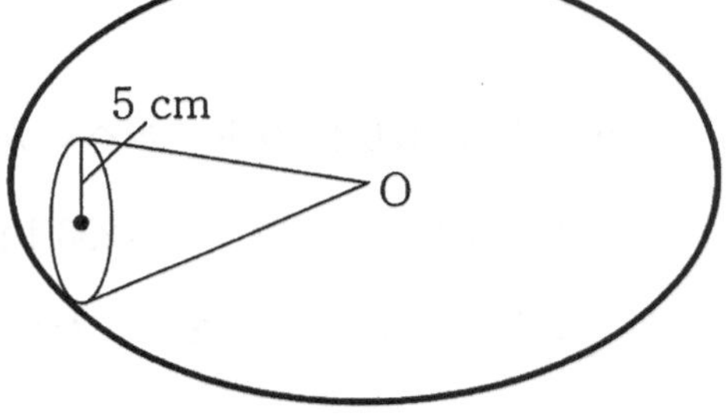

4　2 の倍数でも 3 の倍数でもない 5 以上の整数を**図**のように規則正しく並べます。このとき，次の (1) ～ (4) の □ にあてはまる数を答えなさい。

図

1 段目				5	7			
2 段目			11	13	17	19		
3 段目		23	25	29	31	35	37	
4 段目	41	43	47	49	53	55	59	61
⋮								

(1)　5 段目にあらわれる 83 は，左から数えて □ 番目の数です。

(2)　1 段目から 10 段目までには全部で □ 個の数が並んでいます。

(3)　10 段目の 1 番左の数は □ です。

(4)　1211 は □ 段目の左から数えて □ 番目の数です。

令和５年度　理　科（その１）　鹿児島修学館中学校

（30分）

1　夏のある日，修さんは祖父の家に遊びに行きました。春に田植えを手伝った田んぼには，13匹の①アイガモのひながいました（図１）。また，窓の庇《ひさし》※には網《あみ》がかけられ，それに蔓《つる》を絡《から》ませるように②植物が育てられていました（図２）。夜には庭先で，③ゲンジボタルが見られました（図３）。普段はふれることのできない自然にふれ，いくつかの疑問がわいた修さんは，祖父と話をしました。これについて，あとの問いに答えなさい。

※庇：建物の窓・出入り口・縁《えん》側などの上部に張り出す小さな屋根。

図１

図２

図３

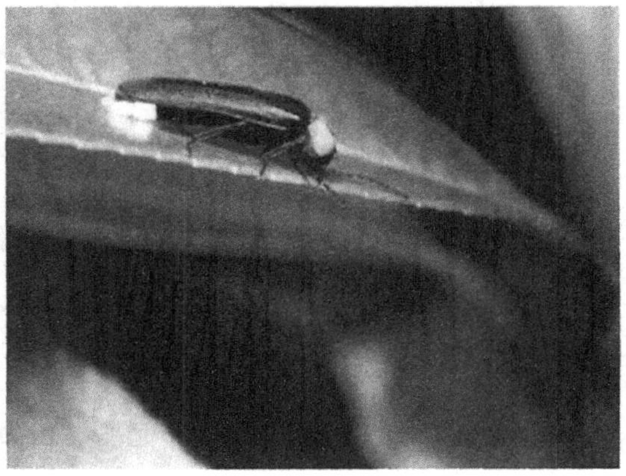

(1)　下線部①について，修さんは「どうしてこんなにカモがたくさんいるの？」と祖父に尋《たず》ねました。祖父は，イネのために，あえてアイガモのひなを田んぼに放していると言いました。イネにとって，田んぼにアイガモのひながいることは，どのような利点があると考えられるか答えなさい。

(2)　下線部②について，修さんは「何のためにここで植物を育てているの？」と祖父に尋ねました。祖父によると，これは「グリーンカーテン」と呼ばれ，観賞用のためだけに育てている訳ではないとのことです。どのような目的で育てられていると考えられますか。季節を考慮《こうりょ》して，グリーンカーテンの目的を答えなさい。また，この目的に適した植物を，次の**ア**～**エ**から一つ選び，記号で答えなさい。

ア　ヒマワリ　　**イ**　ホウセンカ　　**ウ**　パイナップル　　**エ**　ヘチマ

(3)　グリーンカーテンに関わらず，植物は私たち人間にとって必要不可欠な存在です。人間が生きていくために果たす植物の役割の例を，(2)の答えとは別に二つあげなさい。なお，それぞれ10字以上で答えること。

(4)　下線部③について，修さんは「今までここにいたホタルはヘイケボタルだけだったよね？どうして種類の違うホタルがいるの？」と祖父に尋ねました。祖父によるとこのホタルは，昨年，町おこしのために他地域から持ち込まれて放流された「国内外来種《がいらいしゅ》」だということです。ゲンジボタルが持ち込まれて放流されたことで，ヘイケボタルにとってどのような問題が起こると考えられるか答えなさい。

令和５年度　理　科（その２）　鹿児島修学館中学校

2 次の各問いに答えなさい。

図

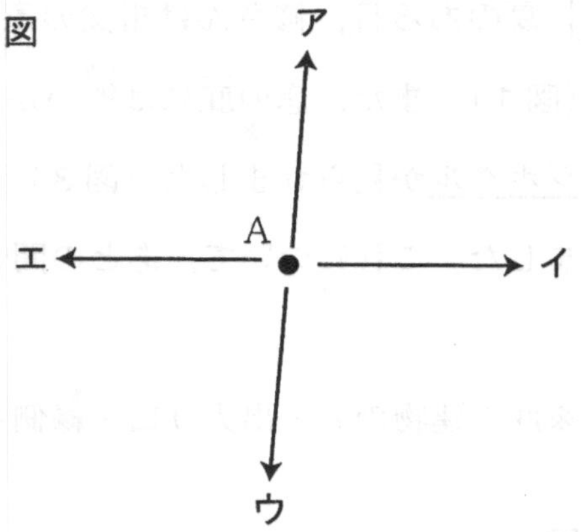

鹿児島市で，ある日の18時ごろ，南の空に月が見られました。

(1)　南の空に見えた月の位置を**図**のＡとすると，月はその直後，どの方向に動きますか。**図**の**ア**～**エ**から一つ選び，記号で答えなさい。

(2)　この日に見えた月の形を，次の**ア**～**カ**から一つ選び記号で答えなさい。ただし，黒くぬってあるところは暗くて見えない部分とします。

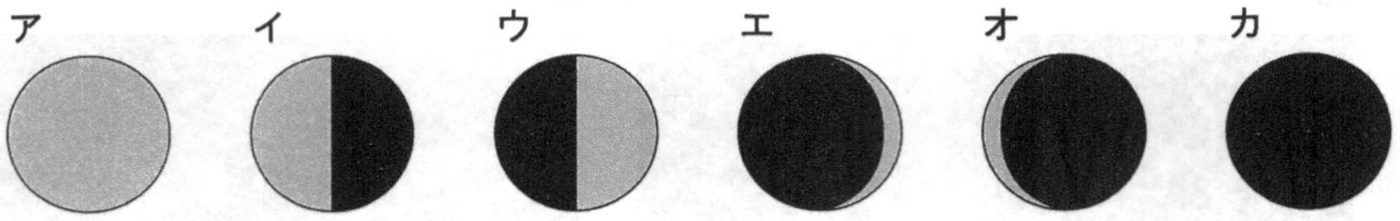

修さんは，鹿児島市を流れる川の観察を行いました。

(3)　**図１**は川の通路，**図２**は河口側より上流を見た川の断面図です。**図２**は，**図１**のどの位置の断面図ですか。**図１**の**ア**～**エ**から一つ選び，記号で答えなさい。

図１　川の通路

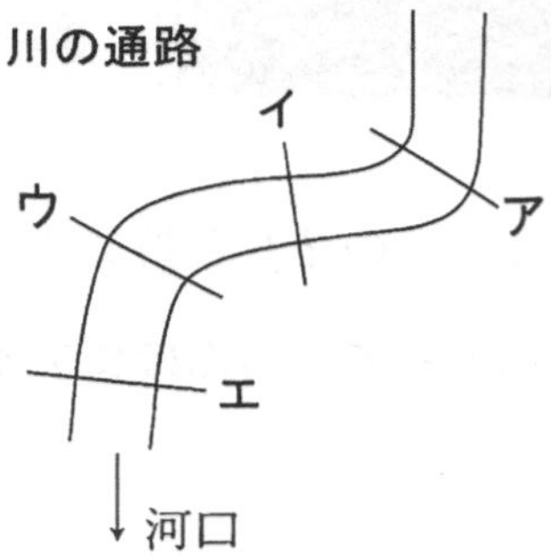

図２　川の断面

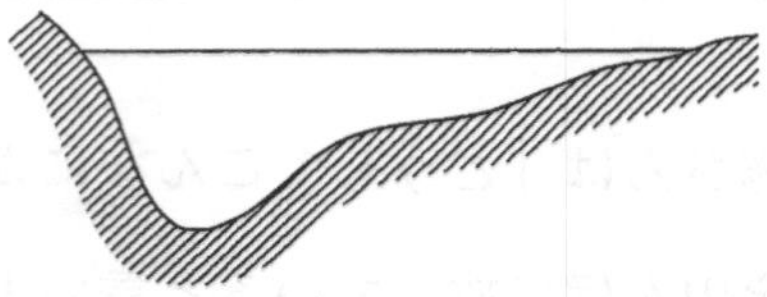

(4)　修さんは，集中豪《ごう》雨《う》のときに起きる河川の災害を防ぐためには，川の流れをおそくすることが効果的であると考えました。次の①～⑤の文のうち，川の流れをおそくするために，効果のある組合せはどれですか。下の**ア**～**ク**から一つ選び，記号で答えなさい。

①　上流の山に多くの木を植える。　②　上流から中流までの川はばをせまくする。

③　中流から河口までの川はばを広くする。　④　河口付近の川岸を高くする。

⑤　河口付近の川底の砂や石を取りのぞいて，川底を深くする。

ア　①と③　**イ**　①と⑤　**ウ**　②と④　**エ**　③と⑤

オ　①と②と③　**カ**　①と③と⑤　**キ**　②と③と⑤　**ク**　③と④と⑤

右の**図**は，ある季節に人工衛星から撮影《さつえい》された雲の画像です。

図

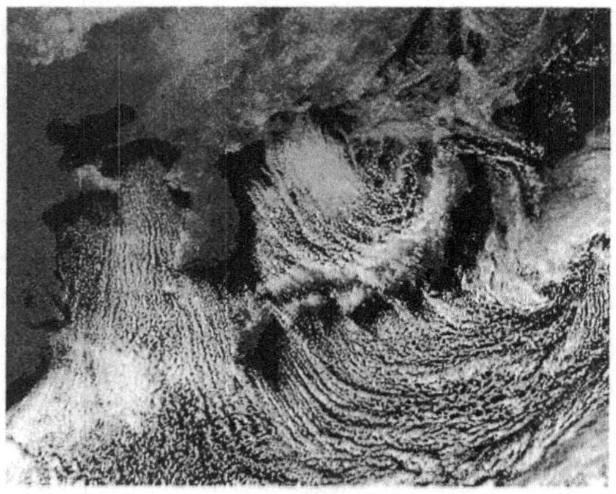

(5)　この写真を撮影した季節はいつですか。次の**ア**～**エ**から一つ選び，記号で答えなさい。

ア　春　**イ**　夏　**ウ**　秋　**エ**　冬

(6)　この季節の日本の太平洋側の天気と，日本海側の天気の説明として適当なものを，次の**ア**～**エ**からそれぞれ選び，記号で答えなさい。

ア　晴れの日が多く，かんそうしている。

イ　晴れの日が多く，むし暑い。

ウ　長い間，雨がふり続く。

エ　雪のふる日が多い。

3 次の文を読み，あとの問いに答えなさい。

地球環境《かんきょう》問題という言葉を聞いたことがありますか。地球環境問題には，①オゾン層の破壊《はかい》，②地球の温暖化，酸性雨，熱帯林の減少，砂漠《さばく》化，開発途上《とじょう》国の公害問題，野生生物の減少，海洋汚染《おせん》，有害廃棄《はいき》物の越境《えっきょう》移動といった問題が含《ふく》まれますが，なぜ地球環境問題と呼ばれるのでしょうか。

それは，問題による被害や影響《えいきょう》が発生原因国のみならず，国境を越えて，地球規模にまで広がる環境問題という面と，問題の解決のために国際的な取り組みが必要とされる環境問題という面を持っているからです。

これらの問題は複雑に絡《から》み合っています。たとえば，石油や石炭を燃やすと，地球温暖化を進行させる二酸化炭素が発生すると同時に，③酸性雨の主な原因物質である二酸化硫黄《いおう》（亜硫酸《ありゅうさん》ガス）や窒素《ちっそ》酸化物も発生し，これらが，森林破壊，野生生物の減少といった問題を引き起こしています。

先進国と呼ばれる国では，大量にものを生産し，大量に消費し，大量にすてています。ものをつくる時にも，使う時にも，すてる時にも大量の資源・エネルギーが必要です。このことが，酸性雨や地球温暖化をはじめとするいろいろな地球環境問題を進行させています。

(1) 下線部①のオゾンは，３個の酸素原子（元素記号Ｏで表す）からできています。元素記号を使ってオゾンを表しなさい。ただし，原子とは物質をつくるもっとも小さな構成粒子《りゅうし》であり，水は水素原子（元素記号Ｈで表す）２つと酸素原子１つがくっついてできており，「H_2O」と表すことを参考にしなさい。

(2) 下線部②の地球温暖化などの地球の気候を物理法則に基づいてシミュレーションすることで，二酸化炭素の増加が与える気候への影響を初めて明らかにした「気候モデル」を開発し，2021年のノーベル物理学賞を受賞した人は誰《だれ》ですか。次の**ア**～**エ**から一つ選び，記号で答えなさい。

ア　赤崎《あかさき》　勇《いさむ》　　**イ**　山中《やまなか》　伸弥《しんや》　　**ウ**　真鍋《まなべ》　淑郎《しゅくろう》　　**エ**　湯川《ゆかわ》　秀樹《ひでき》

(3) ある水溶液《すいようえき》に二酸化炭素を通すと，白い沈殿《ちんでん》ができます。その水溶液の名前を答えなさい。

(4) 二酸化炭素が水にとけてできる水溶液を何といいますか。

(5) 下の□の文を参考にして，二酸化炭素が水にとけるとき，温度が上がると，とける二酸化炭素の量はどうなると考えられるか答えなさい。ただし，答えは，「増加する」，「減少する」，「変化なし」から選びなさい。また，その答えを選んだ理由を説明しなさい。

物質は，温度が上がると，**図１**のように動きが激しくなり，固体から液体，気体へと状態が変化する。気体が液体にとけるときは，**図２**のように気体の粒子●が液体の粒子○に引き付けられる。

図１

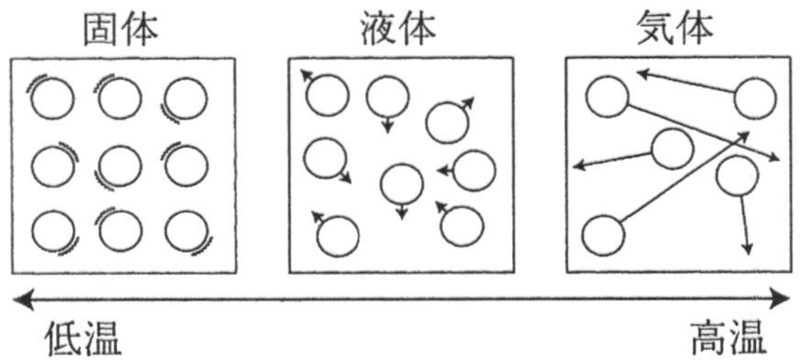

図２

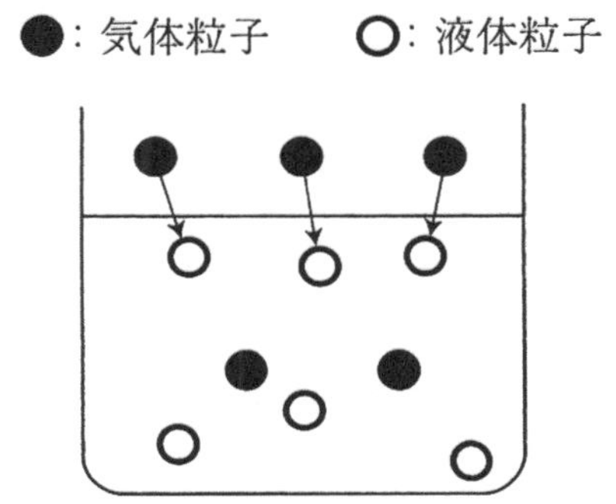

(6) 下線部③の二酸化硫黄は水にとけると，亜硫酸になります。塩酸や亜硫酸などを酸と呼び，酸が示す性質を酸性といいます。このため，酸がとけた雨を酸性雨と呼びます。酸性を確かめるにはどうすればよいですか。その確認方法を簡単に説明しなさい。

4　修さんは，家にあるドライヤーについて調べています。これについて，あとの問いに答えなさい。

(1)　ドライヤーは，電気を熱に変えて使っている器具です。ドライヤー以外に，電気を熱に変えて利用する器具を一つ答えなさい。

ドライヤーの内部をのぞいてみると，電熱線が見えました。そこで修さんは電熱線について調べるために，**実験１**と**実験２**を行いました。なお，以下の電熱線はすべて同じ材料でできているものとします。

［**実験１**］太さが同じ電熱線を10cm，15cm，20cmの長さに切り，コイル状に巻きました。３種類の長さの電熱線をそれぞれ**図１**のように20℃，100ｇの水に入れ，乾《かん》電池を１個ずつ接続しました。**表１**は，**実験１**で，スイッチを入れてからの時間と水の温度を示したものです。

図１

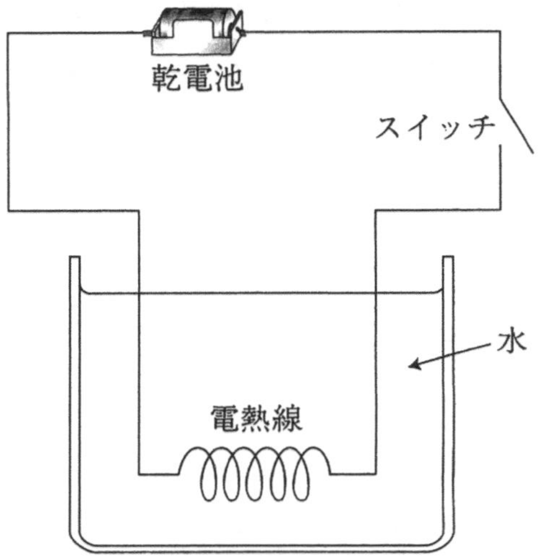

表１

スイッチを入れてからの時間[分]		0	2	4	6	8	10
水の温度[℃]	10cmの電熱線	20.0	22.0	24.0	26.0	28.0	30.0
	15cmの電熱線	20.0	21.3	22.7	24.0	25.3	26.7
	20cmの電熱線	20.0	21.0	22.0	23.0	24.0	25.0

図２

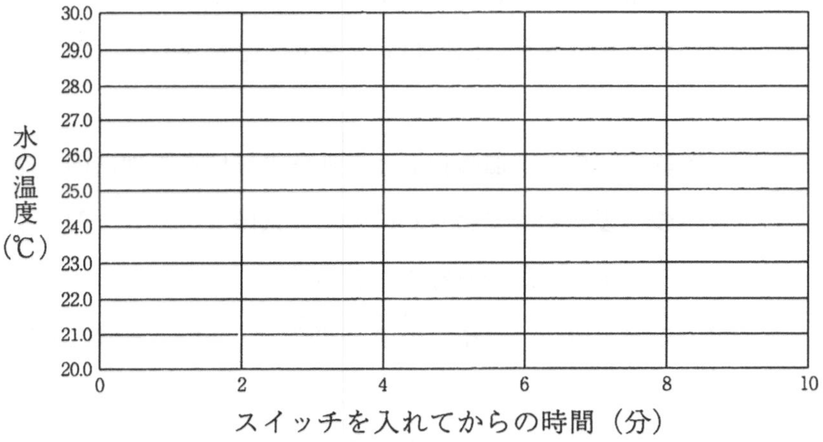

(2)　長さ10cmの電熱線を使ったときの，スイッチを入れてからの時間と水の温度の関係を表すグラフをかきなさい。ただし，**図２**のように横軸《よこじく》をスイッチを入れてからの時間，縦軸《たてじく》を水の温度とします。

(3)　長さ20cmの電熱線を使ったとき，スイッチを入れてから20分間で，水の温度は何℃変化すると予想されますか。

(4)　長さ30cmの電熱線を使ったとすると，スイッチを入れてから６分後の水の温度は何℃になると予想されますか。

［**実験２**］細い電熱線Ａと太い電熱線Ｂを用意し，どちらも10cmに切り，コイル状に巻きました。電熱線をそれぞれ**図１**のように20℃，100ｇの水に入れ，乾電池を１個ずつ接続しました。**表２**は，**実験２**で，スイッチを入れてからの時間と水の温度を示したものです。

表２

スイッチを入れてからの時間[分]		0	2	4	6	8	10
水の温度[℃]	電熱線Ａ	20.0	22.0	24.0	26.0	28.0	30.0
	電熱線Ｂ	20.0	23.0	26.0	29.0	32.0	35.0

(5)　**実験１**と**実験２**からわかることを説明した次の文の**ア**，**イ**に入る適切な語句を答えなさい。

電熱線に電気を流したときの発熱の量は，電熱線の長さが（　**ア**　），太さが（　**イ**　）方が大きい。

(6)　電熱線Ｂを15cmに切り，**実験２**と同様の実験をおこなったとき，スイッチを入れてから６分後の水の温度は何℃になると予想されますか。

令和５年度　社　会（その１）　鹿児島修学館中学校

（30分）

1　次のＡ～Ｄは，日本の諸地域を学習する際の視点をまとめたものです。これについて，あとの各問いに答えなさい。

Ａ：自然環境
地形…平野・盆地・山地，①土地の高さや低さ，自然災害など 気候…気温や降水量，積雪や季節による違《ちが》いなど

Ｂ：産業
農業…②主な農産物や出荷先，農業産出額の変化など 工業…主な工業製品，工業出荷額の変化など その他…観光業，林業，③水産業，商業など

Ｃ：交通や通信
交通…主な道路や鉄道，人や物の動きなど 通信…④インターネットなどを使った取り組みなど

Ｄ：生活・文化
生活・文化…生活の様子，伝統行事の継承《けいしょう》，⑤伝統産業，都市化や近代化による変化，町並《まちな》み保存の取り組みなど

問１　下線部①について，**写真**は岐阜県海津市の木曽川《きそがわ》，長良川《ながらがわ》，揖斐川《いびがわ》が接近して流れている場所です。ここは低地であることから，昔からこう水が起こりやすい地形でした。こう水から家や耕地を守るため，集落のまわりを堤防《ていぼう》で囲んだ X の地域を何といいますか。

写真

問２　下線部②について，**グラフ１**は，長野県と茨城県で生産されたレタスの東京への月別出荷量（2020年）を示したものです。茨城県の出荷量が少なくなる時期に，長野県のレタスの出荷量を多くすることができる理由として正しいものを次から一つ選び，記号で答えなさい。

（ア）夏のすずしい気候を利用した抑制《よくせい》さいばいを行っているため。
（イ）夏のすずしい気候を利用した促成《そくせい》さいばいを行っているため。
（ウ）冬のあたたかい気候を利用した抑制さいばいを行っているため。
（エ）冬のあたたかい気候を利用した促成さいばいを行っているため。

グラフ１

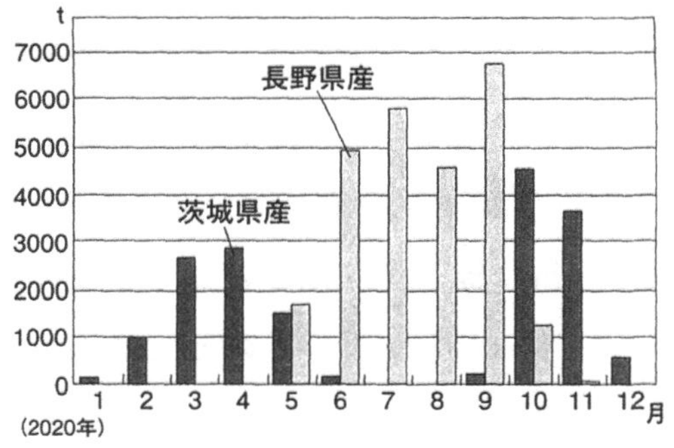

（東京都中央卸売市場資料）

問３　下線部③について，次の文は日本の水産業について述べたものです。（　１　）・（　２　）に入る最も適当な語句を書きなさい。

> 日本の近海は，暖流と寒流がぶつかり，（　１　）とよばれる水深200mぐらいまでのゆるやかな斜面《しゃめん》の海底も多いので，魚の種類も豊富でよい漁場になっています。一方で，近年日本の水産業がかかえている課題も多くあり，1970年代の中ごろから遠洋漁業の漁獲量が減ってきていることも課題の１つです。減ってきている理由として，自国の沿岸から200海里までは，天然資源開発などの権利が認められる（　２　）が設定されたこともあげられます。

問４　下線部④について，コンビニエンスストアは，商品の販売や配送のデータを管理することで全国に広がりました。このように，コンビニエンスストアで商品を買うとき，バーコードを読み取り，売れた商品や数が自動的に記録されるシステムを何といいますか。

問５　下線部⑤について，**グラフ２**は上越（新潟県）の気温と降水量を示しています。北陸では農家の副業から発展した，めがねわくや銅器，漆器《しっき》などの伝統を生かした工業がさかんです。北陸で農家の副業がさかんに行われてきた理由を，**グラフ２**を参考に書きなさい。

グラフ２

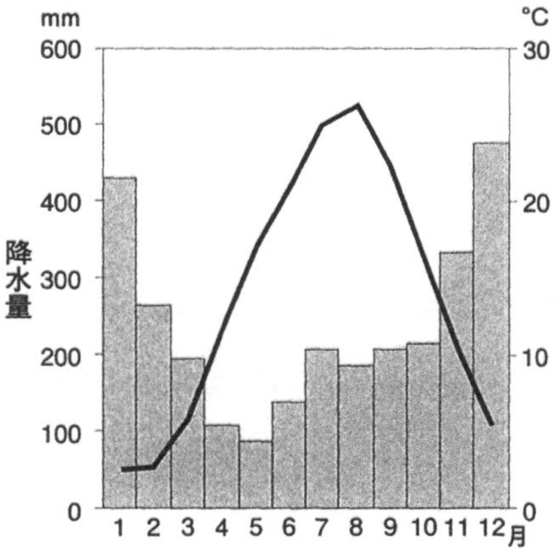

（気象庁の資料より作成）

2　修さんは，小学校の授業で，自分たちの住んでいる鹿児島県について白地図にまとめることにしました。これについて，あとの各問いに答えなさい。

問１　地図中には次のＡ～Ｄのようなものが情報として示されています。①～④はそれらを説明したものです。下線部が正しければ○を，誤っていれば×をそれぞれ答えなさい。

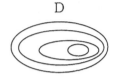

①　Ａは，「方位記号」です。地図はふつう北を上にして描《えが》きますが，この記号がある場合，<u>矢印の示す方位が東</u>になります。

②　Ｂは，「スケールバー」です。これを使うことによって，地図上の長さから<u>実際のきょり</u>を求めることができます。

③　Ｃは，「地図記号」です。建物や土地の様子を表すときに使われ，このＣの記号は<u>博物館</u>を示したものです。

④　Ｄは，「等高線」です。陸の高さが同じところを結んだ線で，線の間かくがせまいほど<u>土地のかたむきが急</u>です。

問２　鹿児島県と周辺の県の位置関係について，**白地図**に表すことにしました。鹿児島県と隣《とな》り合う２つの県の名前を，解答欄《らん》の白地図に漢字で書き入れなさい。

白地図

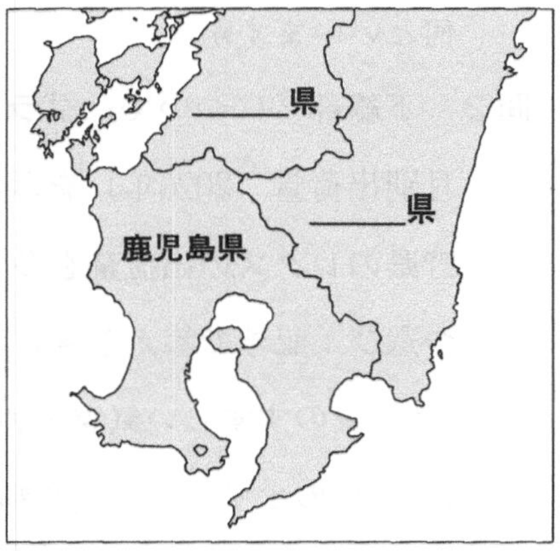

問３　地図帳で，茶の生産がさかんな南九州市がどこにあるか調べるため，さくいんを使いました。**資料**はこの時に使ったさくいんです。ここにある「**３４**」や「**３５**」といった数字は何を示しているか答えなさい。

問４　地図帳を見ると，南九州市の他にも県内全域で茶の生産が行われていることが分かりました。そこで，茶の生産が行われている地域を，白地図に地図記号を使って表すことにしました。茶畑の地図記号を解答欄に書きなさい。

資料

み
みいけこう　三池港……………………**３５**エ５
みいけたんこう　三池炭鉱……………**３５**エ５
〜
みなみおぐに　南小国［熊本］…………**３３**オ３
みなみきゅうしゅう　南九州［鹿児島］…**３４**ウ７
みなみさつま　南さつま［鹿児島］………**３４**ウ７
〜

問５　「鹿児島の茶」についての折れ線グラフの資料を作り，白地図に示そうと思います。折れ線グラフはどのような場合に用いられますか。折れ線グラフを用いた方がよいものとして適当なものを次から一つ選び，記号で答えなさい。

（ア）鹿児島県の農業生産額に占《し》める茶の生産額の割合を示したい。

（イ）鹿児島県内にあるお茶農家の所在地の一覧を示したい。

（ウ）2021年の鹿児島県と静岡県の茶の生産量の比較《ひかく》を示したい。

（エ）1990年から2020年にかけての鹿児島県の茶の生産量の変化を示したい。

問６　学さんがまとめた鹿児島県の交通についての白地図を見て，修さんと学さんが会話をしています。あとの各問いに答えなさい。

修さん：鹿児島市には，新幹線の発着駅となっている鹿児島中央駅があるよ。

学さん：2011年の直通運転開始によって，最長で（　１　）駅まで乗りつぎしないで行けるようになったんだ。

修さん：より遠い東京へ移動する場合は，新幹線を乗りつぐより（　２　）市にある鹿児島空港から飛行機を使った方がいいね。

学さん：交通に着目することで，他の地域とのつながりを見ることができるね。

修さん：人の移動もだけど，鹿児島で生産されたお茶がどのように移動しているのか，興味がわいてきたよ。

(1)（　１　）に入る語句として正しいものを一つ選び，記号で答えなさい。

（ア）博多　（イ）広島　（ウ）新大阪　（エ）名古屋

(2)（　２　）に入る語句として正しいものを一つ選び，記号で答えなさい。

（ア）始良　（イ）鹿児島　（ウ）鹿屋　（エ）霧島

3　次のＡ～Ｆの各文は，日本の各時代の外国とのかかわりや影響《えいきょう》について述べたものです。これについて，あとの各問いに答えなさい。

Ａ　３代将軍の（　１　）は，キリスト教の布教を取りしまり，貿易を幕府が独占《どくせん》するために，鎖国《さこく》政策を進めました。しかしやがて，①西洋の進んだ学問を学ぼうとする人々が現れました。

Ｂ　中国への使節の派遣《はけん》が廃止《はいし》され，②かな文字を使って物語や和歌がつくられるなど日本独自の文化が生まれました。その後，武士団をひきいた平清盛が中国との貿易を進めて力をたくわえ，政治の場でも活躍《かつやく》するようになりました。

Ｃ　執権の北条時宗は，九州の御家人《ごけにん》を集めて元との戦いに備え，二度も攻《せ》めてきた元の軍勢を退けました。しかしその後，③御家人たちは幕府に不満をもつようになり，幕府と御家人の関係はくずれていきました。

Ｄ　邪馬台国《やまたいこく》の女王（　２　）は30ほどのくにを従え，中国に使いを送り，おくり物をしました。中国の皇帝《こうてい》は，お返しに女王に倭王《わおう》の称号《しょうごう》をあたえ，銅の鏡などを授けました。

Ｅ　ポルトガル人の来航によって鉄砲《てっぽう》が日本に伝えられました。港町の堺はポルトガルとの貿易や鉄砲の生産で栄えるようになり，やがて堺《さかい》の町を支配した④織田信長は天下統一をめざして勢力拡大を進めました。

Ｆ　天皇を助ける役職にあった（　３　）は，進んだ制度や文化を取り入れようと中国に使節を派遣しました。その後，⑤大化の改新が行われ，中国の政治制度を手本に，天皇中心の新しい政治がめざされました。

問１　文中の（　１　）～（　３　）に入る最も適当な人名を書きなさい。

問２　文中の下線部①について，次の各問いに答えなさい。

(1)　西洋の進んだ知識や技術は，オランダを通じて日本に伝わりました。このことにより，当時このような学問は何とよばれましたか。

(2)　杉田玄白《すぎたげんぱく》らがオランダ語の医学書をほん訳・出版したことが，この学問がさかんになるきっかけになりました。この時出版された医学書の名を書きなさい。

問３　文中の下線部②について，この時代とかかわりの深い絵を次から一つ選び，記号で答えなさい。

（ア）

（イ）

（ウ）

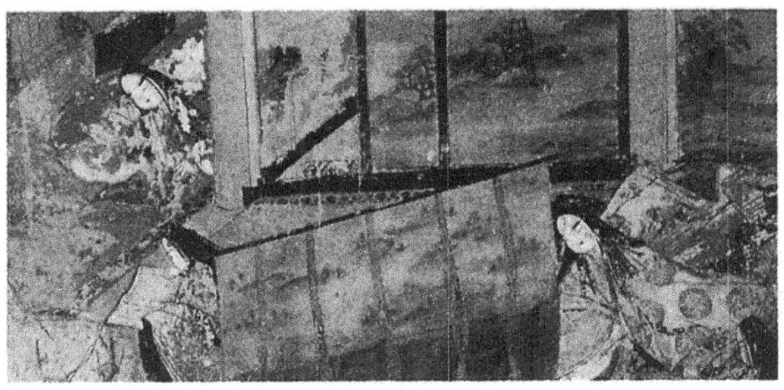

（エ）

問４　文中の下線部③のようになったのはなぜですか。「**ご恩**」，「**奉公**《ほうこう》」という語句を使ってそれまでの幕府と御家人の関係を説明し，次にそれを踏《ふ》まえて，このころ御家人たちが幕府に不満を持ち，幕府との関係がくずれていった理由を説明しなさい。

問５　文中の下線部④について，鉄砲を大量に用いて武田の軍勢を打ち破った戦いの名を書きなさい。

問６　文中の下線部⑤について，この時期の日本の政治について説明した文として，正しいものを一つ選び，記号で答えなさい。

（ア）朝廷《ちょうてい》や貴族の政治の実権をめぐる争いに勝利した武士が，むすめを天皇のきさきとし，生まれた子を天皇に立てて，強い力をもった。

（イ）朝廷の政治を一部の有力な貴族が動かすようになり，それらの貴族はむすめを天皇のきさきにして天皇とのつながりを強めようとした。

（ウ）朝廷は，九州地方から東北地方南部までの豪族《ごうぞく》たちを従えるようになり，渡来人《とらいじん》のもつ進んだ技術を取り入れながら政治を進めた。

（エ）国を治めるための律令ができあがり，人々は，租《そ》・調・庸《よう》といった税を納め，役所や寺を建てたり，兵士の役を務めたりするようになった。

問７　Ａ～Ｆの文を時代の古い順に並べなさい。

４　次は，わが国の政治のしくみを図にしたものです。これについて，あとの各問いに答えなさい。

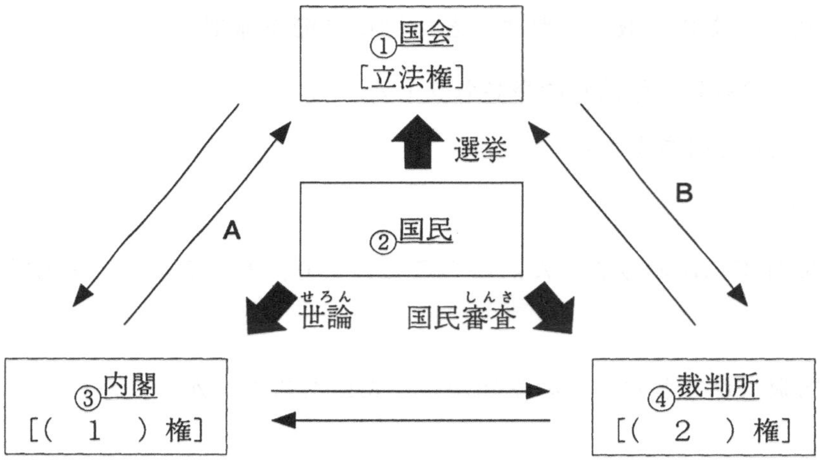

問１　図中の（　１　）・（　２　）に入る最も適当な語句をそれぞれ漢字２字で書きなさい。

問２　図中の矢印は，ある機関から別の機関へのはたらきかけを示しています。**Ａ**・**Ｂ**について，それぞれにあてはまるものを次から一つずつ選び，記号で答えなさい。

（あ）政治が憲法に違反《いはん》していないかを調べる。　（い）最高裁判所の長官を指名する。

（う）衆議院を解散する。　（え）内閣を信任しないことを決議する。

（お）法律が憲法に違反していないかを調べる。　（か）弾劾《だんがい》裁判所を設置して裁判官をやめさせる。

問３　図中の下線部①について，国会の仕事の説明として正しくないものを次から一つ選び，記号で答えなさい。

（ア）国会議員の中から内閣総理大臣を指名する。

（イ）国のお金の使い道である予算を決める。

（ウ）外国との約束である条約を結ぶ。

（エ）憲法を改正することを国民に提案する。

問４　図中の下線部②に関して，国民主権とはどのようなことですか。主権の意味を含《ふく》めて，**「国の政治」**という語句を使って簡潔に説明しなさい。

問５　文中の下線部③について，内閣の下には内閣府や各省庁があって，分担して仕事をしています。選挙や消防・防災，その他，携帯《けいたい》電話などの通信の仕事も行う省を次から一つ選び，記号で答えなさい。

（ア）経済産業省　（イ）国土交通省　（ウ）法務省　（エ）総務省

問６　図中の下線部④に関して，現在，国民が裁判に参加する裁判員制度が導入されています。その導入された目的を**「関心」**・**「感覚や視点」**という語句を使い，解答欄のことばに続けて，簡潔に説明しなさい。

令和五年度 鹿児島修学館中学校入学者選抜試験 国語 解答用紙

受験番号

※100点満点

1

問1

問2

問3

問4

問5

問6

問7

番号

問1．3点
問2．3点
問3．4点
問4．7点
問5．4点
問6．4点
問7．10点

小計

2

問1

問2

問3

問4

問5

問6

A

B

問7

問1．4点
問2．4点
問3．6点
問4．7点
問5．4点
問6．3点×2
問7．4点

小計

3

問1

(1) ねる

(2) いられる

(3)

(4) む

(5) ける

(6)

(7) む

(8)

(9) む

(10) める

問2

①

②

③

問3

①

②

問1．2点×10
問2．2点×3
問3．2点×2

小計

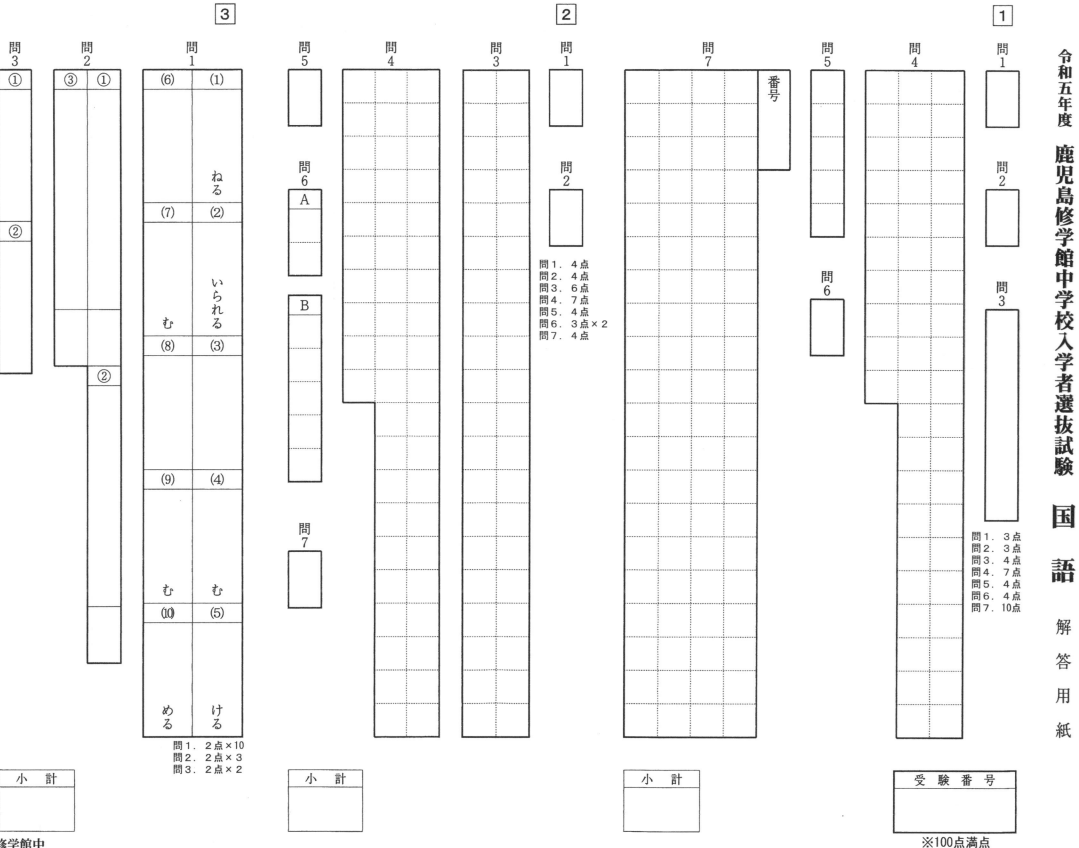

令和５年度　鹿児島修学館中学校入学者選抜試験

算　数　解答用紙

※100点満点

受験番号	

1

(1)		(2)		(3)		(4)	
(5)		(6)		(7)		(8)	

1の小計　3点×8

2

(1)	kg	(2)	試合	(3)	本	(4)	
(5)	km	(6)	%	(7)	L	(8)	本
(9)	個	(10)					

2の小計　4点×10

3

(1)	度	(2)	度	(3)	cm^2	(4)	cm^2
(5)	cm^2	(6)	cm				

3の小計　4点×6

4

(1)	番目	(2)	個	(3)	
(4)	段目		番目		

3点×4
((4)は１つ正解で２点)
4の小計

令和５年度　鹿児島修学館中学校入学者選抜試験

理　　　科　解答用紙

受験番号	

※50点満点

1

(1)				
(2)	目的		記号	
(3)	（１つ目）			
	（２つ目）			
(4)				

(1) ２点
(2)目的…２点
記号…１点
(3)２点×２
(4)３点

1の小計

2

(1)		(2)		
(3)		(4)		
(5)		(6)	太平洋側	日本海側

２点×６（(6)は完答）

2の小計

3

(1)		(2)		
(3)		(4)		
(5)	どうなるか			
	理　由			
(6)				

(1)２点
(2)２点
(3)２点
(4)２点
(5)どうなるか…１点
理由…２点
(6)２点

3の小計

4

(1)

(2)

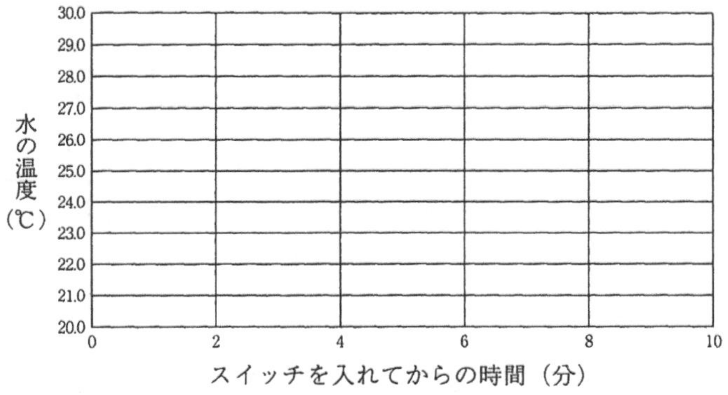

(3)	℃	(4)	℃	
(5)	ア		イ	
(6)	℃			

(1)２点
(2)２点
(3)２点
(4)２点
(5)完答２点
(6)３点

4の小計

令和５年度　鹿児島修学館中学校入学者選抜試験

社　　会　解答用紙

受験番号	

※50点満点

1

問1	
問2	

	1	2
問3		

問4	システム
問5	

問１．２点
問２．２点
問３．１点×２
問４．２点
問５．２点
1の小計

2

	①	②	③	④
問1				

問3	
問4	
問5	

	(1)	(2)
問6		

問2

問１．１点×４
問２．２点
問３．２点
問４．２点
問５．１点
問６．２点×２
2の小計

3

	1	2	3
問1			

	(1)	(2)
問2		

問3	
問4	
問5	
問6	
問7	→ → → → →

問１．１点×３
問２．１点×２
問３．１点
問４．３点
問５．１点
問６．１点
問７．２点
3の小計

4

	1	2
問1	権	権

	A	B
問2		

問3	
問4	
問5	
問6	国民が

問１．１点×２
問２．１点×２
問３．２点
問４．２点
問５．２点
問６．２点
4の小計

令和四年度　国語（その一）（45分）　鹿児島修学館中学校

1　次の文章を読んで、あとの問いに答えなさい。（字数制限のある問題の解答は、句読点や「」なども字数に数えます。）

Ⅰ「勉強」の原動力も、最初はもっと知りたい、できるようになりたいであり、できるようになって嬉《うれ》しい、楽しいということだったのです。こうなってくると勉強は楽しくなり、そうすれば、ますますできるようになってまた楽しくなってくる、というふうにいいことずくめのお話になるのです。

Ⅱ【　A　】、①楽しかったはずの勉強がなぜ今は楽しくなくなってしまったのでしょうか。もしかして、小学校の頃《ころ》、先生の言うことを聞かずに宿題をサボったのでわからなくなっちゃったからだとか、自分の頭が悪いせいだとか思う人がいるかもしれません。最初の理由はちょっとあたっていることがあるかもしれません。新しいことを覚えたりできるようになったりするためには「経験（練習）」を重ねることが必要ですから。【　B　】、②二つめは全然違《ちが》います。なぜかというと、これも「食べる」から考えるとわかります。おいしい料理や好きなメニューは楽しく食べられるけれど、そうでないと食べることが楽しくなくなってしまうでしょ。例えば魚や野菜、肉といった一つ一つの食材にはそれぞれ匂《にお》いや味の特徴《とくちょう》があります。調理のプロは、食材の組み合わせや調理の仕方を工夫《くふう》して、食材のいいところを引き立たせ、一方で欠点を補って個性豊かなおいしい料理に仕上げていきます。キャベツという野菜一つとっても、お好み焼き用とトンカツに添《そ》える千切りキャベツではキャベツの種類も切り方も変えるのです。これが調理の工夫です。どんなに新鮮《しんせん》な食材を使ったとしても、その食材の特徴をよく理解し、さらに食べる人の事情にあった調理ができていなければ、おいしいという実感を与《あた》えることはできません。中学生が学ぶ教科の内容をどのように整理して生徒に示すのか、どのような活動を通して理解に結びつけていくのか、授業をする先生はそのことを考えて計画を立て準備をして授業に臨《のぞ》んでいます。調理のプロが食べる人によって調理の仕方を工夫するように、先生もクラスの雰囲気《ふんいき》によって教材（調理のときの食材にあたります）や方法を工夫して授業に臨みます。

（中略）

Ⅲそれからもう一つ、せっかくおいしい料理が出ても、それを食べるときにどれだけ早く食べたかやどれだけたくさん食べたかで人と比べられて、エライとかダメとかいちいち言われていたら食べるのがイヤになってしまいます。勉強の場合もそれと同じです。勉強の仕方が自分にあっているかどうかはもちろん、「早く正確に」だけで誰《だれ》かと比べられてダメ出しをされていったらきっとイヤになってしまいます。面白《おもしろ》かった勉強が面白くなくなってしまうワケが、なんとなくわかっていただけましたか。学ぶということは本来いっぱい間違いをしながら、経験（練習）を重ねて身につけていくことなのに、学校の先生やお父さんお母さんたち大人の中には、少しでも早くムダなくたくさんのことを身につけてほしい、と考えてしまう人がいるために子供にもそういう勉強をさせてしまうのです。

Ⅳ「知りたい」「聞きたい」「見たい」という勉強大好きだった③小さい頃は、自分のペースでゆっくりと学ぶことができたのに、今はそれができなくなっている。そのことで自分は勉強が苦手だ、学ぶことが嫌《きら》いだと勘違《かんちが》いしてしまっているのかもしれません。だから今勉強が嫌いだと思っている人だって、自分にあった条件さえ整えば必ず面白く学べるし必ずできるようになります。誰かのやり方やペースと比べたり誰かにあわせたりするのでなく、失敗しても気にしないで、自分にあったやり方とペースで、できるようになるまでトライしていくことが大切なのです。そうすれば、わかった、できたという実感が持てます。そして、「できたね！」「がんばったね！」って誰かに声をかけてもらうことができれば、ちょっと嬉しくなって自信につながります。そうなると学ぶことが面白くなって練習することが楽しくなってきます。知識や技術が身についてくると自分にあった学び方や練習の仕方も工夫できるようになります。どうです。いいでしょう。

Ⅴ「ボクが今興味を持っていることはあるけれど、それでは大人は誰もほめてなんてくれない。やっぱり学校の勉強でなくちゃ」という声が聞こえてきそうです。確かに学校の教科の勉強以外だと、いくらできるようになっても、それだけではほめてもらえないということはあります。だったら、学校の勉強も「自分にあったやり方」で「自分のペース」に乗っけちゃいましょう。自分にあったやり方で勉強すれば誰でも必ずわかるようにできるようになる。そう聞けば、その「自分にあった方法は何か」を知りたくなりますね。④でも残念ながら全員に共通の「これだ」というものを示すことはできません。一人ひとり違うからです。だから自分なりの「これだ」に気づいて勉強のペースをつくる方法を見つけていくことが必要です。ここでは次のことだけをしっかり押《お》さえておきたいと思います。それは、学校の勉強がわからないのは自分がダメだからじゃない。勉強が楽しくないのは自分がダメだからじゃない。だから「どうせボクなんか」って決めつけたりしないこと。そして、できなかったことができるようになり、勉強が面白くなっていく道は誰にでもあること。⑤ダメな子なんて一人もいないんです。

（宮下　聡《さとし》『中学生になったら』岩波ジュニア新書による）

令和四年度　国語（その二）　鹿児島修学館中学校

問1　【　A　】・【　B　】に入る言葉の組み合わせとして最も適当なものを次から選び、記号で答えなさい。

ア　A　しかし　B　または　　イ　A　また　B　そして
ウ　A　では　B　でも　　エ　A　つまり　B　さて

問2　本文から次の一文がぬけています。この一文が入る適当な箇所《かしょ》をあとから選び、記号で答えなさい。

> 授業とは、学ぼうとする生徒と分かりやすく教えようとする先生の両方の共同作業なのです。

ア　Ⅰ段落の後　　イ　Ⅱ段落の後　　ウ　Ⅲ段落の後　　エ　Ⅳ段落の後　　オ　Ⅴ段落の後

問3　――線部①「楽しかったはずの勉強がなぜ今は楽しくなくなってしまったのでしょうか」とありますが、その理由として最も適当なものを次から選び、記号で答えなさい。

ア　自分の学習の結果をほめてもらえないから。　　イ　経験を重ねることが必要でなくなったから。
ウ　自分に合った勉強の仕方でしか勉強できないから。　　エ　学習を他の人と比べられてイヤになったから。

問4　――線部②「二つめ」とは何をさしていますか。本文中から十字で書きぬきなさい。

問5　――線部③「小さい頃は、自分のペースでゆっくりと学ぶことができたのに、今はそれができなくなっている」とありますが、その理由を本文中の言葉を用いて、四十五字以内で書きなさい。

問6　――線部④「でも残念ながら全員に共通の『これだ』というものを示すことはできません」とありますが、その理由を「調理」の例に当てはめたものとして最も適当なものを次から選び、記号で答えなさい。

ア　食べる人を考えて調理するのは難しく、結局のところ調理する人の力量に任せるしかないから。
イ　食べる人の好き嫌いをなくすためには、食材の特徴を理解して調理することが大切であるから。
ウ　食べる人によって味の好みは様々なので、全員がおいしいと感じる調理をすることは難しいから。
エ　食べる人で事情はそれぞれ違うので、作る人はそれを頭に入れて調理する必要があるから。

問7　――線部⑤「ダメな子なんて一人もいないんです」とありますが、それはどうしてですか。「自分」「方法」「勉強」の三つの言葉を使い、四十字以内で書きなさい。

問8　本文の内容に最も合うものを次から選び、記号で答えなさい。

ア　知識や技術さえ身につけていれば、勉強は自然とできるようになるものである。
イ　勉強が苦手な人の特徴は、初めから勉強への意欲がないということである。
ウ　勉強ができない人は、親のせいにして、自分の努力不足に目を向けないものである。
エ　学ぶということはたくさん間違いをして、それを経験として身につけていくことである。

令和四年度　国語（その三）　鹿児島修学館中学校

2　次の文章を読んで、あとの問いに答えなさい。（字数制限のある問題の解答は、句読点や「」なども字数に数えます。）

> 留雨（るう）と風香（ふうか）は、五年一組のクラスメイトである。留雨は、自分でも理由はわからないが、もの心ついたときからほとんど人としゃべらない子どもだった。そして、自分はまるでいつもみんながとびはねる大縄《おおなわ》跳《と》びの外側にいるようだ、と感じていた。
> ある日、風香から、祖父であるターちゃんの＊謡曲《ようきょく》を聞きに来ないかと、声をかけられる。
> 風香はしばらく前まで五人グループの中にいたが、仲たがいがあり一人になることを選ぶ。しかし、話し相手がいないとさみしいので、人を拒《こば》んだり悪口を言ったりしない留雨に声をかけた。その日、留雨はターちゃんの謡曲を聞くために、風香の家に行った。
>
> ＊（注）謡曲＝能のセリフ（詞）のこと。

きいたことのない音。

コレハナニ？

まるでまぼろしの生きものがとつじょ出現したみたいだった。まぼろしの生きもののまぼろしの遠吠《とおぼ》え。そのきみょうな音ははげしく高まったり、うらがえったり、かすれたり、うんと低くなったりと、ちっともじっとしていない。①とらえどころがない。

わたしは負けじと追いかけた。えたいの知れないこの音はなんなのか。お経《きょう》？　おまじない？　ちがう――耳のおくになにかがひっついた。節《ふし》。そうだ。全体をつらぬくメロディはないけど、この音には、どうやら節がある。

節だけじゃない。じっと耳をすましているうちに、また新しい発見があった。言葉もある。そう、言葉。おじいちゃんはただガーガー吠えてるだけじゃなく、言葉を語っているんだ。そう気づいたとたん、まぼろしの生きもののまぼろしの遠吠えが、ちゃんと人間のうたにきこえてきた。

最初からうたにきこえなかったのは、おじいちゃんがおそろしくオンチだからってだけじゃなく、たぶん、そこで語られているのがむかしの言葉だからだ。「若菜《わかな》つむ」とか、「なお消えがたき」とか、「雪の下なる」とか。おじいちゃんのうたに出てくるのは、百人一首《ひゃくにんいっしゅ》にあるような言葉ばかり。ってことは――。

これは、むかしの人がつくった、むかしのうたなんだ。そう気づくなり、②ぐん、と耳の穴のおくゆきが広がった気がした。

わたしはむちゅうで音をひろった。遠い時代からやってきた、とびきりレアな言葉たち。

いまの日本語よりもやわらかくて、耳がほっくりする感じ。

③その言葉たちは、ゆったりとした節にのって、わたしが見たことのない世界を物語っている。

「山もかすみて」

「白雪の」

「消えしあとこそ」

「いかなる人にて」

「なにごとにて」

「あらおそろしのことを」

ああ、おもしろい。すごいのをひろった。

生まれてはじめての a耳ざわりに、わたしはすっかりとりこになった。

こんな音があったなんて。

こんなうたがあったなんて。

大発見。人がむかしのうたをうたうっていうのは、むかしの音をよみがえらせるってことなんだ――。

帰り道は雨がふっていた。

わたしは雨の音が好き。たぶん、この世にある音のなかで一番。それは、たぶん、わたしの名前に「雨」が入ってるからだと思う。

風香ちゃんの名前には「風」が入っている。

令和四年度　国語（その四）　鹿児島修学館中学校

雨と風。

だからってわけじゃないけど、風香ちゃんとは、むりしなくてもいっしょにいられそうな気がする。

「留雨ちゃん、ほんとありがとね。作戦どおりってわけにはいかなかったけど……っていうか大失敗だったけど、わたし、ターちゃんのあんなよろこんだ顔、はじめて見た。いいもん見たって気がしたよ。自分のうたをあんなに一生懸命《いっしょうけんめい》きいてもらったの、きっとターちゃん、はじめてだったんだよね」

傘《かさ》をかしてくれた上に、とちゅうまで送るとついてきてくれた風香ちゃん。風香ちゃんがうれしそうなのは、おじいちゃんがよろこんでたからだけじゃなくて、きっと、わたしがしゃべったからだろう。

――感動、しました。気がつくと、口からこぼれていた。自分でも、ええっ!?と　おどろいた。

家族以外のまえで、あんなふうに、ぽろっと言葉が出てくるなんて。

お面とか、外国の人形とか、ふしぎなものだらけだったおじいちゃんの部屋。でも、④あそこにはなわがなかった気がする。みんなとわたしをへだてるなわ。おじいちゃんの自由ほんぽうな歌声が、なわをけちらしてくれたのかな。

そんなことを考えながら、ふと横を見て、あれっと思った。

風香ちゃんがおかしい。さっきまで高々とかかげていた傘を、頭すれすれの位置までさげて、しおれた草みたいにうつむいている。きゅうにどうしちゃったの？

まじまじながめていると、

「留雨ちゃん、あのさ」傘で横顔をかくすようにして、風香ちゃんがつぶやいた。

「はじめて言うけど、わたし、まえにいっしょにいた桃香《ももか》たちから、あんまり好かれてなかったんだよね」

風香ちゃんらしくないしめった声。⑤短調のひびき。

「わたし、話が長くて、しつこいでしょ。それに服もダサくて、ふでばこもジミだしね。だから、ほんとはだれからも好かれてなかったんだよね。ま、それはしょうがないんだけど。話がくどいのは自分でもわかってるし。でも……でもね、わたしのふでばこ、あれ、ママが買ってくれたやつなんだ。今だってそんなによゆうないのに、ママが買ってくれて、ハデじゃないけど、安いやつじゃなくて……」

風香ちゃんの声がふるえた。

「わたし、ママやターちゃんのこと悪く言われるの、すごくヤなんだよね。がまんできないくらい、ほんとに、ほんとにヤだったんだ。けど、四人とはなれてひとりになるのは、ほんとはすごくこわかったから、だから、留雨ちゃんがいてくれてよかった。ほんとに助かった。っていっても、話がくどいのはまだなおってなくて、もし留雨ちゃんもわたしのこと、ほんとはうざいと思ってるんだったら……」

うざい？　そんなことないよ。

そう言いたいけど、声にならない。あせると、ますますのどがつまったみたいになる。

しょうがなく、手にした傘をぶるぶる横にゆすってみせたら、風香ちゃんが気づいて「ほんと？」と声を明るくしたから、こんどは傘を大きくたてにふった。

「そっか。よかったあ」

たちまち、風香ちゃんの傘がすっと上がった。傘の下の顔は笑ってた。

「あ。ね、そういえば、ターちゃんってああ見えて冒険家《ぼうけんか》でね、むかし、旅のとちゅうでおなかすいたとき、いちかばちかでどぎつい色のきのこを焼いて食べたら、それが毒きのこで、三日間くらい記憶《きおく》そうしつになっちゃって……」

ころっと調子をとりもどした風香ちゃんが、はねるようなテンポで、毒きのこをめぐるおじいちゃんの冒険話を語りだす。

そののびやかな音に、ときどき、雨と風の伴奏《ばんそう》がかさなる。

ぺちゃくちゃ。

しとしと。

ごうごうごう。

にぎやかな音に包まれて、⑥わたしはなにか大きなものの内側に入れてもらった気がする。

（森《もり》　絵都《えと》『風と雨』による）

令和四年度　国語（その五）　鹿児島修学館中学校

問1　――線部①「とらえどころがない」とありますが、同じような意味の言葉を本文中から十字以内で書きぬきなさい。

問2　――線部a「耳ざわり」とありますが、ここでの「ざわり」と違う意味で使われている例文を次から選び、記号で答えなさい。

ア　なめらかな舌ざわり。　　イ　この毛布は肌ざわりがいい。

ウ　手ざわりでわかる。　　エ　あの自転車は目ざわりだ。

問3　――線部②「ぐん、と耳の穴のおくゆきが広がった気がした」とありますが、このときの留雨の気持ちとして最も適当なものを次から選び、記号で答えなさい。

ア　初めて聞いたむかしのうたに、なつかしさを感じてドキドキした。

イ　初めて聞いたむかしのうたに、おもしろさを感じてワクワクした。

ウ　初めて聞いたむかしのうたに、心の落ち着きを感じてしんみりした。

エ　初めて聞いたむかしのうたに、当時の人の思いを感じてびっくりした。

問4　――線部③「その言葉たち」とありますが、留雨はターちゃんがうたう謡曲の言葉をどんな言葉だと思いましたか。二十五字以内で書きぬきなさい。

問5　――線部④「あそこにはなわがなかった気がする」とありますが、次の文はこの時の留雨の気持ちを説明したものです。【Ⅰ】・【Ⅱ】に入る適当な言葉をそれぞれ本文中から書きぬき、【Ⅲ】には最も適当なものをあとから選び、記号で答えなさい。ただし、【Ⅰ】には六字、【Ⅱ】には十四字の言葉が入ります。

> 他の人から見ればふしぎなものでも、それを受け入れるターちゃんの【　Ⅰ　】な人柄《ひとがら》が作り出した部屋は、【　Ⅱ　】を感じさせない【Ⅲ】雰囲気《ふんいき》があった。

ア　おだやかで何でも受け止めてくれる　　イ　いつもおおらかでふところの深い

ウ　常にやさしく相手のことを思いやる　　エ　だれでも強い心で引き込《こ》むような

問6　――線部⑤「短調のひびき」とありますが、この時の風香の気持ちとして最も適当なものを次から選び、記号で答えなさい。

ア　留雨が自分のことを受け入れてくれないかもしれない不安と、家族の悪口を桃香たちから言われたくやしさが、混ざり合うような気持ち。

イ　桃香たちから着ている服をダサいと言われたつらさと、自分だけが仲間外れにされた悲しみで、胸がいっぱいになる気持ち。

ウ　話がくどいことを指摘《してき》されたはずかしさと、母に買ってもらったふでばこを馬鹿《ばか》にされたいかりが少しずつわきあがってくる気持ち。

エ　桃香たちから好かれていないことを知ったさびしさと、それを留雨に告白してしまったこうかいで、自分のことを情けなく思う気持ち。

問7　――線部⑥「わたしはなにか大きなものの内側に入れてもらった気がする」とありますが、この時の留雨の気持ちを、「風香」「留雨」「友達」「つながり」という語を用いて、八十字以内で答えなさい。

令和四年度　国　語（その六）　鹿児島修学館中学校

3　次の各問いに答えなさい。

問1　次の――線部の漢字はひらがなに、カタカナは漢字に直しなさい。

(1) **健**やかな成長。　(2) **天然**のアユ。　(3) 飛行機を**操縦**する。

(4) 庭を**拝見**する。　(5) 勇気を**奮**う。　(6) 絵の**テンラン**会を開く。

(7) **コト**なる考え方。　(8) 詩の**ロウドク**をする。　(9) 文書に**ショメイ**する。

(10) **セイケツ**なハンカチ。

問2　次の四字熟語の読みを答え、その意味として最も適当なものをあとから選び、記号で答えなさい。

①　一日千秋　②　右往左往　③　八方美人

ア　どうしたらいいのかわからなくなって困ること。　イ　非常に待ち遠しくて、時が長く感じられること。

ウ　今まで聞いたことがないような、驚《おどろ》くべきこと。　エ　世の中にただ一つしかない、かけがえのないもののこと。

オ　だれからも悪く思われないように、人とつきあうこと。

問3　次の①～④の【　】部分に体の一部を表す漢字一字を入れて、慣用句やことわざを完成させなさい。

①　【　】かくして尻《しり》かくさず（悪事や欠点の一部をかくして、全部かくしていると思いこんでいること。）

②　目と【　】の先（とても近いこと。）

③　【　】車に乗る（調子のいい話し方やおだてに乗ってだまされること。）

④　かべに【　】あり障子に目あり（秘密はもれやすいということ。）

令和４年度　算　数（その１）鹿児島修学館中学校

(45分)

1　次の(1)～(8)の□にあてはまる数を答えなさい。

(1)　657 － 298 ＝ □

(2)　48 × 75 ＝ □

(3)　18 ÷ 3 ×（1 ＋ 5）＝ □

(4)　57.6 － 28.9 － 12.1 ＝ □

(5)　7.14 ÷ 3.5 ＝ □

(6)　$\frac{2}{7} + \frac{3}{14} - \frac{1}{6} =$ □

(7)　$\frac{3}{10} \div 1\frac{1}{5} =$ □

(8)　$1\frac{2}{9} - \frac{5}{6} \times \frac{2}{3} =$ □

2　次の(1)～(9)の□にあてはまる数を答えなさい。また，(10)の問いに答えなさい。

(1)　ある数があります。ある数と 1 との和は $2\frac{3}{4}$ になり，ある数と 1 との差は □ になります。

(2)　全校生徒 □ 人の学校で，8 名が欠席しました。このとき，出席した生徒の割合は，全体の 97.5 ％です。

(3)　正六角形の対角線は □ 本です。

(4)　$\frac{62}{15}$ をかけても，$\frac{6}{155}$ で割っても，答えが整数になる分数はいくつもあります。その中で，最も小さい分数は □ です。

(5)　時速 3.6 km で歩くと 40 分かかる道のりを，分速 □ mで走ると 15 分かかります。

(6)　修君と修君のお父さんと修君のお母さんの年れいについて，2 人ずつ組にして合計したら，76 歳《さい》，51 歳，49 歳となりました。1 番年上であるお父さんの年れいは □ 歳です。

(7)　本が 1 冊あります。1 日目は全体の $\frac{1}{4}$ を読み，2 日目は残りの $\frac{1}{2}$ を読んだところ，あと 45 ページ残っています。この本は全部で □ ページあります。

(8)　何人かの生徒に 1 人 4 本ずつ鉛筆を配ると 21 本あまります。1 人 6 本ずつ配ると 3 本足りません。鉛筆は全部で □ 本です。

(9)　1 から 30 までの整数の積 1 × 2 × 3 ×……× 28 × 29 × 30 は，一の位から 0 が連続して □ 個並びます。

(10)　4.8 － 1.2 の式になる問題を 1 題作りなさい。

令和４年度　算　数（その２）　鹿児島修学館中学校

3　次の(1)～(6)の □ にあてはまる数を答えなさい。

(1)　右の図で，角イと角ウの大きさの比は，8：3 です。角イの大きさは □ 度です。

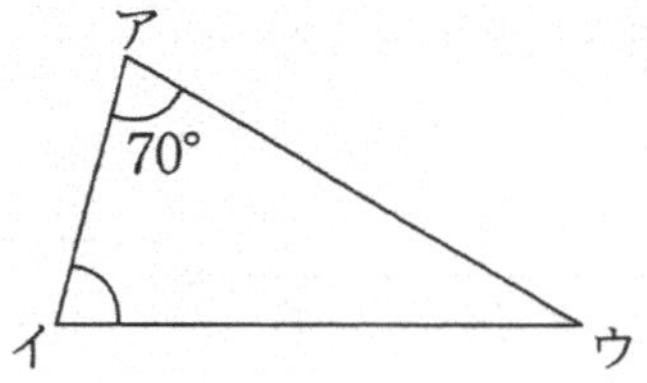

(2)　右の時計は，10 時 10 分を指しています。あの角度は □ 度です。

(3)　右の図は，半径の等しい 2 つの円を重ねたもので，点アは円の中心です。▨ の面積は □ cm^2です。ただし，円周率は 3.14 とします。

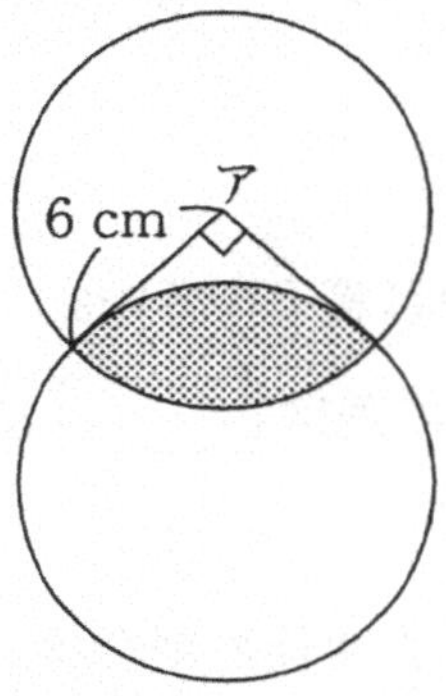

(4)　右の図は，直径 12cmの半円を，点アを中心に 60° 回転したものです。太線の長さの合計は □ cmです。ただし，円周率は 3.14 とします。

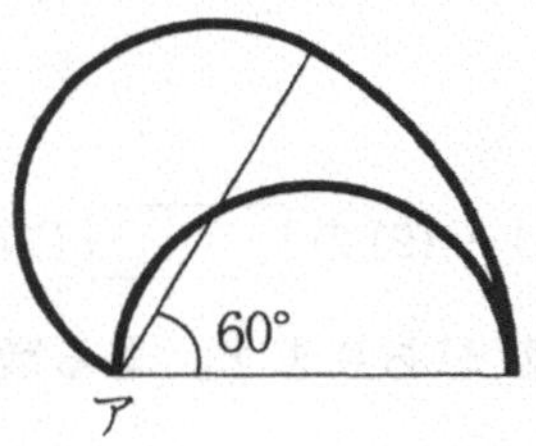

(5)　右の図は，直方体の表面を通って，頂点アから頂点イまで，ひもをゆるまないようにかけたものです。直線ウエの長さは □ cmです。

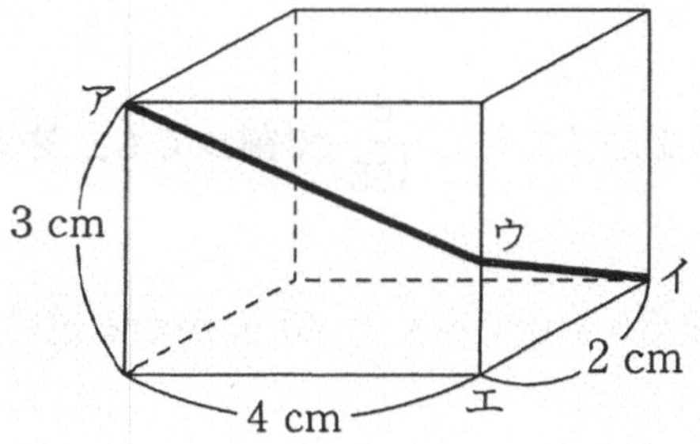

(6)　右の図は，1 辺の長さが 10 cmの正方形の周りに，4 つの合同な直角三角形を加え，新しい正方形を作ったものです。▨ の面積の合計は □ cm^2 です。

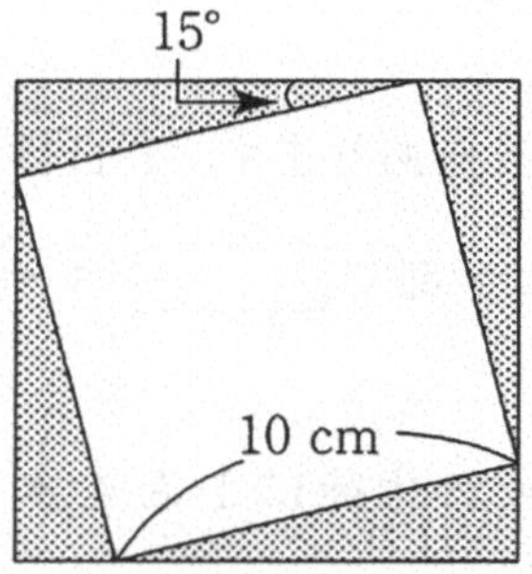

4　下のように，ある規則にしたがって数が並んでいます。このとき，次の(1)～(3)の □ にあてはまる数を答えなさい。

1，0，1，2，0，1，2，3，0，1，2，3，4，0，1，…

(1)　左から数えて 5 回目にあらわれる 0 は，左から □ 番目です。

(2)　左から数えて 1 番目から 27 番目までの数の和は □ です。

(3)　27 が初めて出てくるのは左から数えて □ 番目です。

令和４年度　理　科（その１）　鹿児島修学館中学校

（30分）

1 鹿児島市に住む修さんは，夏休みの自由研究で「トンボの模型」を作ることに決め，本物のトンボを観察することにしました。これについて，あとの問いに答えなさい。

(1) どのような場所に行けば，トンボを見つけられる可能性が最も高いでしょうか。次の**ア**～**エ**から一つ選び，記号で答えなさい。なお，観察を行うのは昼間とします。

ア 広いキャベツ畑

イ 釣《つ》りのスポットにもなっている池のほとり

ウ 花がたくさん咲いている草原

エ 夜，カブトムシが多く見られる森の中

(2) なぜ，トンボは(1)の場所にいる可能性が高いのでしょうか。考えられる理由を二つ答えなさい。

(3) 修さんは，**図**のようなトンボを見つけることができました。トンボが「昆虫《こんちゅう》」の仲間だということが分かるようにトンボのスケッチをかきなさい。

図

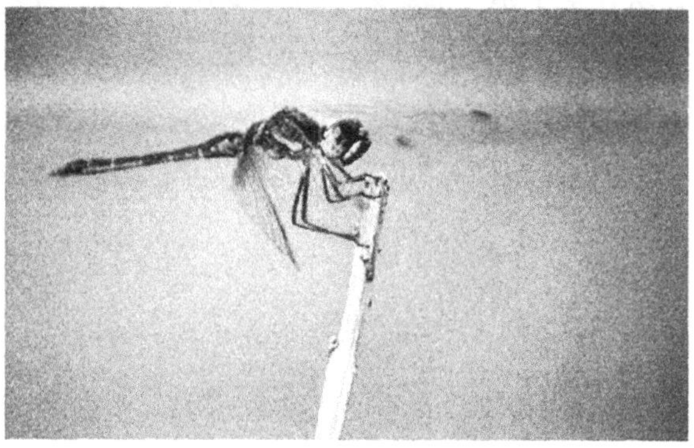

(4) 観察するために捕獲《ほかく》したトンボを，再び自然に返したいと思います。野外で捕獲した生物を再び自然に返す際には，捕獲した場所と同じ場所に放さなければなりません。その理由を答えなさい。

令和４年度　理　科（その２）　鹿児島修学館中学校

2 火山や地震《じしん》について，あとの問いに答えなさい。

図１は，鹿児島県の桜島の写真です。桜島は今でも，年間に数百回噴火《ふんか》するくらい活発に活動しています。**図２**は，桜島の黒神《くろかみ》神社の鳥居《とりい》の写真です。

図１

図２

(1)　**図２**のように黒神神社の鳥居は埋《う》まっています。大正３年以降このようになっていますが，それはなぜだと考えられますか。簡単に説明しなさい。

(2)　火山の活動は災害をもたらすこともありますが，温泉など私たちのくらしに役立つこともあります。温泉以外に火山の活動を上手に利用している例を，一つ書きなさい。

(3)　**図３**は，船が陸に打ち上げられている写真です。このような被害《ひがい》をもたらす，地震にともなう現象を答えなさい。

図３

右の**表**は，ある地震のゆれを地点Ａ～地点Ｄの４カ所で観測し，震源からの距離《きょり》と地震のゆれが始まった時刻をまとめたものです。

表

地点	震源からの距離	地震のゆれが始まった時刻
A	56km	10時26分57秒
B	88km	10時27分01秒
C	128km	10時27分06秒
D	224km	10時27分18秒

(4)　**表**を参考に，次の文章の空らん①～③にあてはまる数字をそれぞれ答えなさい。

> **表**を見ると，地点Ａから地点Ｂまでの距離は（　①　）kmで，地震のゆれが地点Ａから地点Ｂに伝わるのに（　②　）秒かかったことが分かる。このことから地震のゆれが伝わる速さは秒速（　③　）kmということになる。

(5)　(4)をもとに，このときの地震が発生した時刻を求めなさい。

令和４年度　理　科（その３）　鹿児島修学館中学校

3 次の文を読んで，あとの問いに答えなさい。

2021年７月23日，東京オリンピックが開幕し，開会式の最後には，聖火台に聖火が灯《とも》された。聖火が赤やオレンジ色の炎《ほのお》をあげながら燃えているのは，「燃焼」という現象が途切《とぎ》れることなく起きているからである。燃焼が続くためには，空気中に存在する（　Ａ　）という気体と燃料が必要で，聖火は，聖火台の周りの空気中に存在する（Ａ）を使って燃え続けている。では，聖火の燃料に注目してみよう。これまでの近代オリンピックと2021年に開催《かいさい》された東京オリンピックでは，聖火の燃焼のために使われた燃料に大きな違《ちが》いがある。これまでのオリンピックでは聖火の燃料にプロパンと呼ばれる気体が使用されてきた。この気体は，燃焼すると二酸化炭素を発生するため$_{\mathrm{B}}$環境《かんきょう》への悪影響《えいきょう》が心配される。そこで，昨年の東京オリンピックでは「環境と持続可能性を優先する2020年東京大会」というスローガンのもと，特に二酸化炭素の排出《はいしゅつ》量の減少を目指し，聖火に用いられる燃料を$_{\mathrm{C}}$「水素」という気体に変更《へんこう》した。水素は燃焼する際に水のみを発生するため環境に優しく，昨年の東京オリンピックで聖火の燃料として初めて採用されたクリーンなエネルギーである。また，使い方によっては電気を取り出すこともでき，次世代のエネルギー源として高い注目を浴びている。

(1)　文中の（　Ａ　）に入る気体の名前を漢字二字で答えなさい。

(2)　下線部Ｂについて，二酸化炭素は温室効果ガスと呼ばれる気体のひとつで，地球温暖化の原因とされている。二酸化炭素による地球温暖化の進行を抑《おさ》えるために，2015年に，ある都市で温室効果ガス削減《さくげん》に関する国際的取り決めが話し合われ協定が結ばれた。その協定の名称《めいしょう》を次の**ア**～**オ**から一つ選び，記号で答えなさい。

ア　京都協定　　**イ**　ロンドン協定　　**ウ**　パリ協定　　**エ**　ロサンゼルス協定　　**オ**　バンコク協定

(3)　下線部Ｃは，アルミニウムや鉄などの金属を塩酸にとかすことで発生させることができる。ある濃《こ》さの塩酸50mLを用いて，アルミニウムの重さを変えて反応させ，水素を発生させる実験を行ったところ**表１**に示すような結果になった。これについて次の①，②に答えなさい。

表１

アルミニウムの重さ［ｇ］	1.0	2.0	3.0	4.0	5.0	6.0	7.0	8.0	9.0	10.0
発生した水素の体積［mL］	0.6	1.2	1.8	2.4	3.0	3.0	3.0	3.0	3.0	3.0

①　この塩酸が完全に反応しきるためには，少なくとも何ｇ以上のアルミニウムが必要か。

②　濃さを２倍にした塩酸50mLにアルミニウム8.0ｇをとかすと，何mLの水素が発生するか。

(4)　文中に出てくるプロパン，二酸化炭素，水素は０℃で気体として存在する。これらの気体を適当な方法で収集し，体積が変わる容器に入れて０℃での体積を測定したところ，それぞれ10mL，20mL，５mLとなった。次に，容器を加熱し，27.3℃，54.6℃，81.9℃と温度が27.3℃ずつ上がるたびに体積を測定したところ，**表２**に示すように体積が変化した。

表２

気体の種類	気体の体積［mL］			
	０℃	27.3℃	54.6℃	81.9℃
プロパン	10	11	12	13
二酸化炭素	20	22	24	26
水　素	5	5.5	6	6.5

表２からわかることを述べた文として，正しいものを次の**ア**～**オ**からすべて選び，記号で答えなさい。

ア　気体は温められると体積が大きくなる。

イ　温度が上がると気体の体積は減少する。

ウ　温度が１℃上がったときに，体積が最も大きく変化するのはプロパンである。

エ　二酸化炭素が100℃になったときの体積は，プロパンが250℃になったときの体積よりも大きい。

オ　水素の体積が11mLになるのは，温度が327.6℃になったときである。

令和４年度　理　科（その４）　鹿児島修学館中学校

4 鹿児島修学館中学校のオープンスクールに参加した修さんは，ガラスのドアを通った光が虹《にじ》のように色づいている現象を目にしました。このことに興味を持った修さんは調べ学習を行いました。これについて，あとの問いに答えなさい。

［調べ学習１］

図１

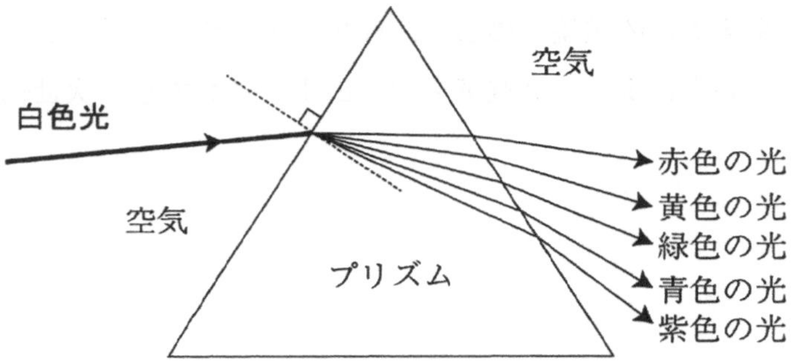

太陽光のように，様々な色を含《ふく》んでいる光のことを白色光という。白色光をプリズム（ガラス）に当てると，**図１**のように，いろいろな色の光が広がって出ていく。

この現象が起こる理由は，光がプリズムを通るときに屈折《くっせつ》※し，屈折によって曲がる角度が色ごとに異なるからである。紫《むらさき》色の光が屈折によってもっとも大きく曲げられる。

虹ができるときは，空気中のたくさんの水滴《すいてき》がプリズムの代わりをしている。

※光の屈折・・・光が物質の境界面で折れ曲がる現象

(1) **図２**のように，長方形のガラスに赤色の光を当てました。屈折したあとの光の進み方ついて正しく示した図を，**ア**～**オ**の中から一つ選び，記号で答えなさい。

図２

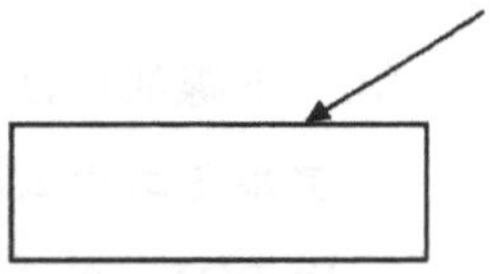

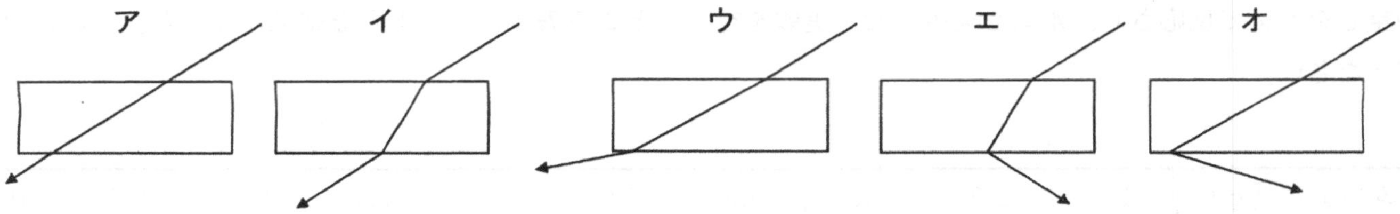

空気中の水滴に白色光が当たると，屈折が２回，水滴内でのはね返りが１回起き，その結果いろいろな色の光にわかれます。**図３**は水滴の拡大図で，水滴に当たる白色光と，水滴内を進み屈折して水滴を出ていく赤色，緑色，紫色の光の進み方がかかれています。

(2) 紫色の光の進み方をかいたものとしてもっとも適切なものを，**図３**の**ア**～**ウ**の中から一つ選び，記号で答えなさい。

図３

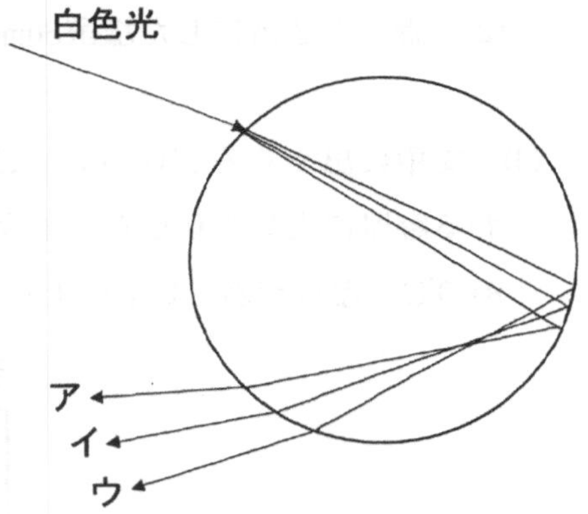

図４は，雨上がりの空にできた虹が見える様子を表しています。

図４

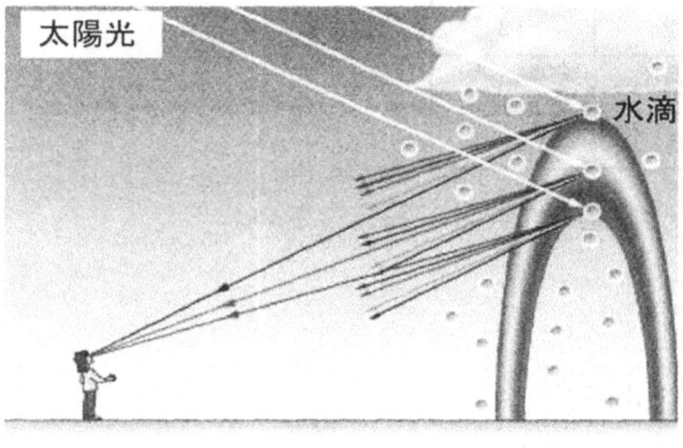

(3) 虹の一番外側に見える色は何色ですか。**図１**に書かれている色の中から一つ選びなさい。

令和４年度　理　科（その５）　鹿児島修学館中学校

プリズムに興味を持った修さんは，カメラや虫めがねに利用されている凸《とつ》レンズについて調べました。

［調べ学習２］

凸レンズの中心を通り，凸レンズに垂直な直線を光軸《こうじく》という。凸レンズを通る光の進み方には**図５**の①～③で示した３つの決まりがある。

図５

①光軸に平行に進む光は，屈折して焦点《しょうてん》を通る。

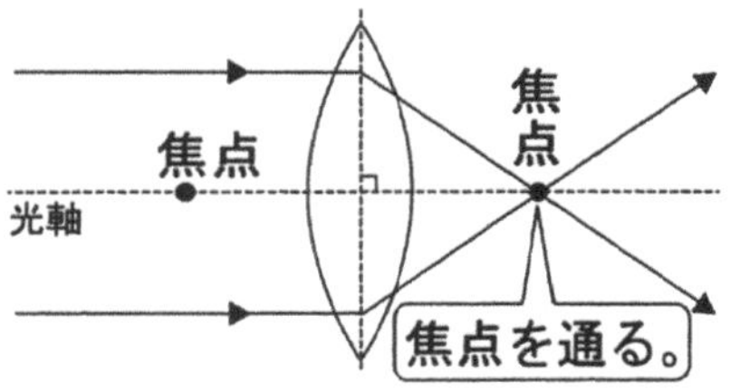

②中心を通る光は，そのまままっすぐ進む。

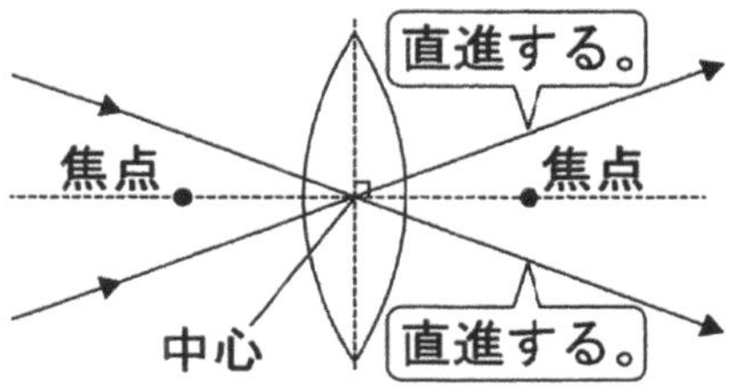

③焦点を通る光は，屈折して光軸に平行に進む。

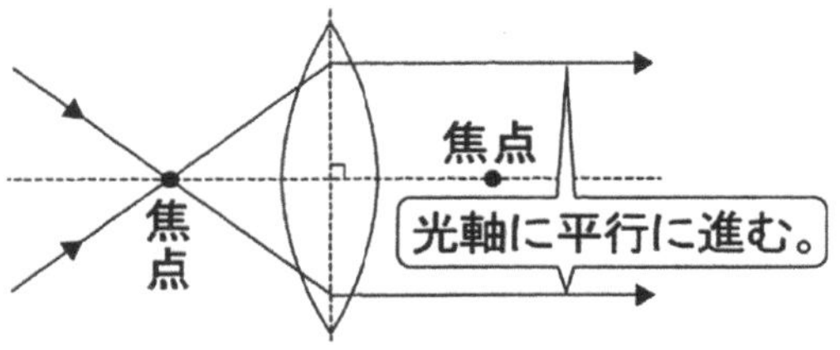

(4)　**図６**のように，物体を焦点の外側に置きました。物体の先端《せんたん》から出て光軸に平行に進む光と，同じく物体の先端から出て凸レンズの中心Ｏを通る光の進み方を，それぞれ解答用紙にかきなさい。

図６

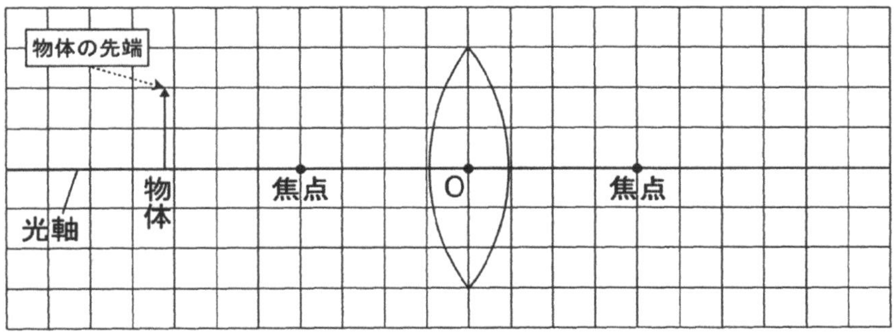

(5)　白色光を凸レンズの光軸に平行に当てると，**図１**のような光の屈折が起こり，色ごとに焦点の位置が変わります。**図７**は，白色光がレンズを通過したあとの緑色の光の進み方を表しています。赤色の光はどのように進むと考えられますか。赤色の光の進み方を解答用紙にかきなさい。

図７

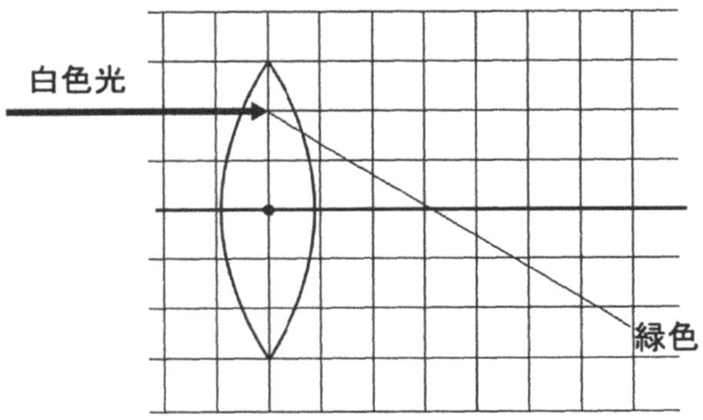

令和４年度　社　会（その１）　鹿児島修学館中学校

（30分）

1　次の文は，日本の地域的特色について述べたものです。これについて，あとの各問いに答えなさい。

日本は（　１　）大陸の東に位置し，北海道，本州，四国，九州の大きな４つの島とそのほかの数多くの島からなっている島国です。森林の面積率は高く，国土のおよそ４分の３は山地で，①日本列島には多くの川や湖があります。

南北に長い日本列島は，地域によって気候も異なり，四季の変化が見られることは②日本の気候の大きな特色です。地域による気候のちがいは，それぞれの③農産物の生産にも影響《えいきょう》を与えています。そして，近年は農業の分野でも情報化社会の到来《とうらい》により，④ロボット技術やICTを活用したいわゆる「スマート農業」の推進も図られています。

また，日本の自然の特色は，時に大きな災害をもたらします。その対策として，多くの都道府県や市区町村では，自然災害による被害《ひがい》の可能性や，災害発生時の避難《ひなん》場所などを示した（　２　）とよばれる地図を作成しています。ふだんから身近な地域で起こりやすい災害を知っておくことが重要です。

グラフ

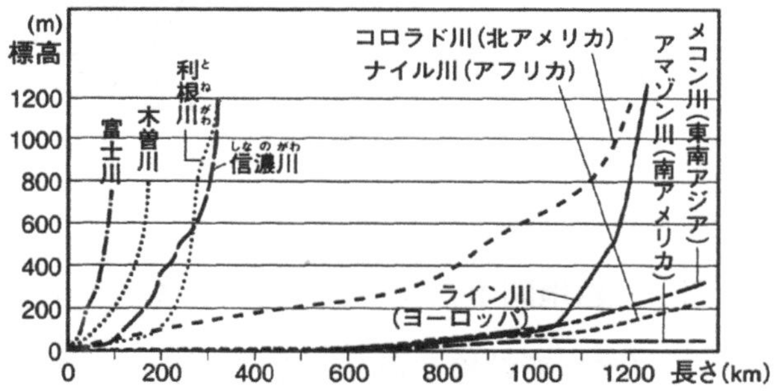

（2020年版『理科年表』より作成）

問１　文中の（　１　）・（　２　）に入る語句を書きなさい。

問２　文中の下線部①について，右の**グラフ**を参考にして，次の文中の（　　　）にあてはまる最も適当なことばを（ア）～（エ）から選び，記号で答えなさい。

日本の川は，世界の川と比べると，（　　　　　）である。

（ア）長さが短く，流れが急　　　（イ）長さが短く，流れがゆるやか

（ウ）長さが長く，流れが急　　　（エ）長さが長く，流れがゆるやか

問３　文中の下線部②について，次の（ア）～（ウ）は，鳥取（鳥取県），高松（香川県），高知（高知県）のいずれかの，折れ線で気温を，ぼうで降水量を表した図です。鳥取（鳥取県）のものとして適当なものを選び，記号で答えなさい。また，そのように判断した理由を，鳥取が属する気候区名とその特色にふれて簡潔に説明しなさい。

（ア）

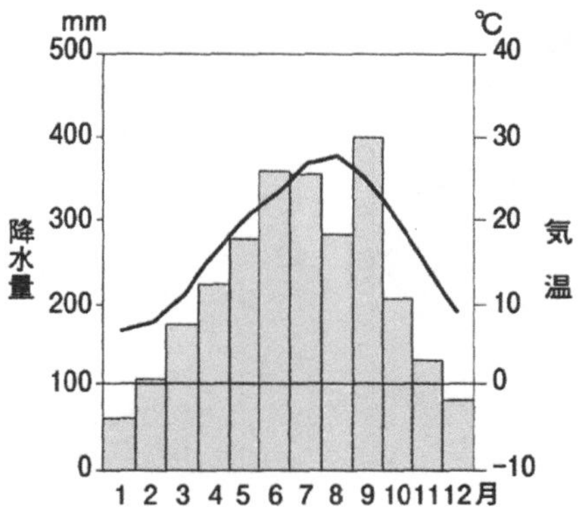

（イ）

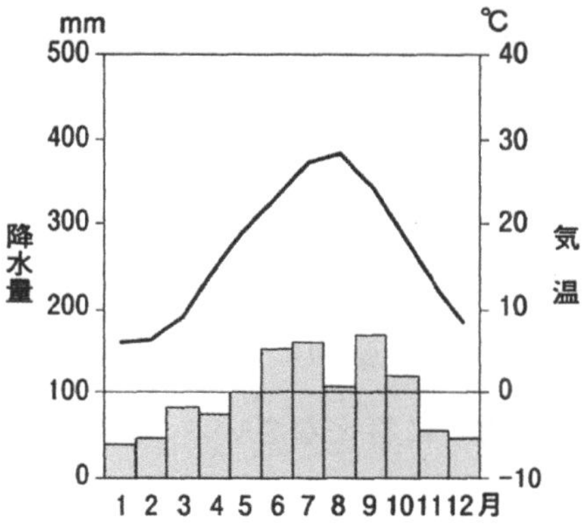

（ウ）

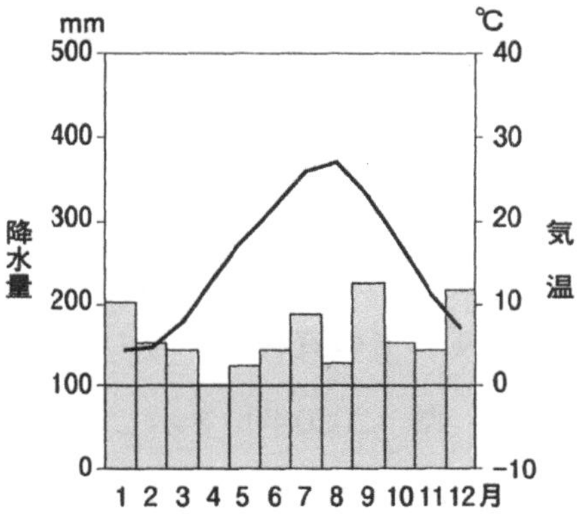

（気象庁の資料より作成）

問４　文中の下線部③について，**表**は，米の収穫《しゅうかく》量と水田率（田の面積を耕地面積で割って100をかけたもの）の割合上位５都道府県（2020年）を示したものです。表中の【　①　】【　②　】にあてまる都道府県名の組み合わせとして正しいものを下から選び，記号で答えなさい。

表　米の収穫量

順位	都道府県	収穫量（t）
1	【　①　】	666,800
2	【　②　】	594,400
3	秋田県	527,400
4	山形県	402,400
5	宮城県	377,000

水田率

順位	都道府県	割合（%）
1	富山県	95.4
2	滋賀県	92.6
3	兵庫県	91.6
4	福井県	90.8
5	【　①　】	88.8

（農林水産省「作況《さっきょう》調査」より作成）

（ア）【　①　】: 北海道　【　②　】: 新潟県　　（イ）【　①　】: 北海道　【　②　】: 福島県

（ウ）【　①　】: 新潟県　【　②　】: 北海道　　（エ）【　①　】: 新潟県　【　②　】: 福島県

（オ）【　①　】: 福島県　【　②　】: 北海道　　（カ）【　①　】: 福島県　【　②　】: 新潟県

問５　文中の下線部④について，このような農業でも使われる，人間に代わって，知的な活動をコンピューターに行わせる技術やコンピュータープログラムを何といいますか。

令和４年度　社　会（その２）　鹿児島修学館中学校

2　次の**白地図**は，それぞれ鹿児島県の一部を示したものです。これについて，あとの各問いに答えなさい。

白地図

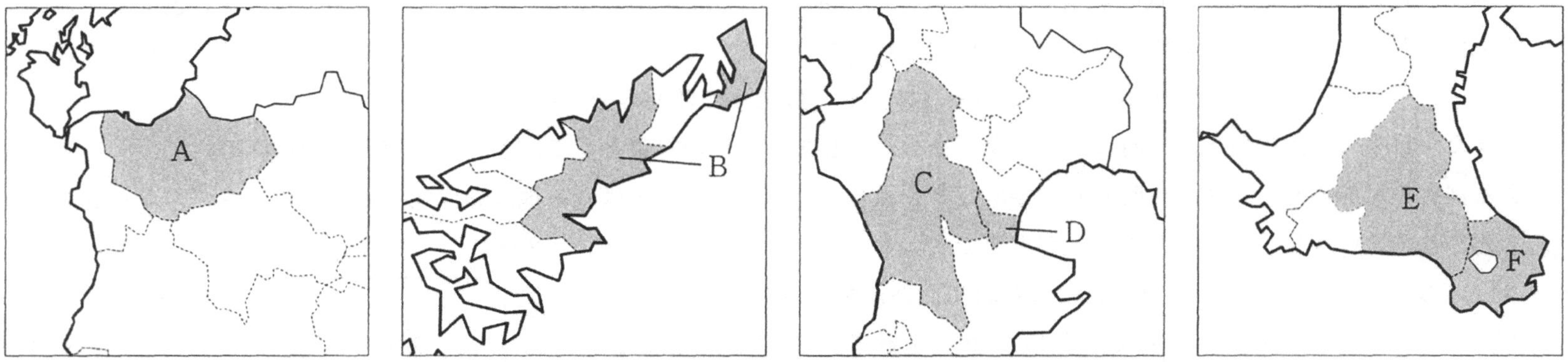

注１）縮尺は同じであり，上が北である。

注２）海岸線を太線，県境を実線，市町村境を点線で示してある。

問１　**白地図**中のＡ～Ｃの市町村を説明したものとしてあてはまるものを選び，それぞれ記号で答えなさい。

（ア）新幹線が通り，鹿児島市だけでなく，熊本へも通勤・通学をすることができる。

（イ）野菜の栽培《さいばい》や牛やぶたの飼育，カンパチの養殖《ようしょく》などがさかんである。

（ウ）2021年７月，生物多様性を理由に世界自然遺産として登録された地域がある。

問２　Ｂの市町村をはじめとする近隣《きんりん》の市町村では，ある農産物の生産がさかんです。近年は，燃料の原料としても利用されている，この農産物の名前を答えなさい。

問３　Ｄの市町村には，**写真１**のような施設《しせつ》があります。この施設について説明をした次の文中の（　　　）に適当な漢字２字の語句を書きなさい。

これは，（　　　）をたくわえておく施設で， タンカーを使って輸送するため，海沿いにある。

写真１

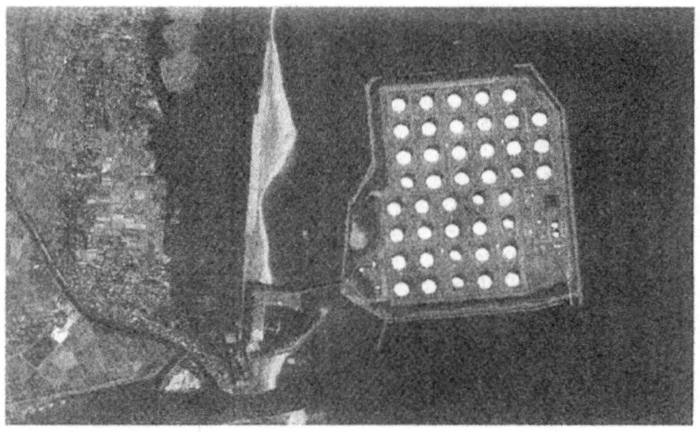

（「Google Earth」より）

問４　下の**資料**は，Ｅの市町村で栽培がさかんな農産物の生産上位の都道府県（2020年）を示したものです。次の各問いに答えなさい。

⑴　この農産物の名前を答えなさい。

⑵　Ｅの市町村でこの農産物の栽培がさかんな理由を，**「火山灰」**という語句を使って簡潔に説明しなさい。

資料

順位	都道府県	生産量（ｔ）	割合（％）
1	鹿児島県	214,700	28.7
2	茨城県	182,000	24.3
3	千葉県	90,200	12.0
4	宮崎県	69,100	9.2
5	徳島県	27,100	3.6
全国計		748,700	100.0

（農林水産省「作況調査」より作成）

問５　Ｆの市町村には，**写真２**のような発電所があります。次の各問いに答えなさい。

⑴　この発電所は，何を利用して発電を行っていますか。漢字２字で書きなさい。

⑵　発電所の地図記号を解答欄《らん》に書きなさい。

写真２

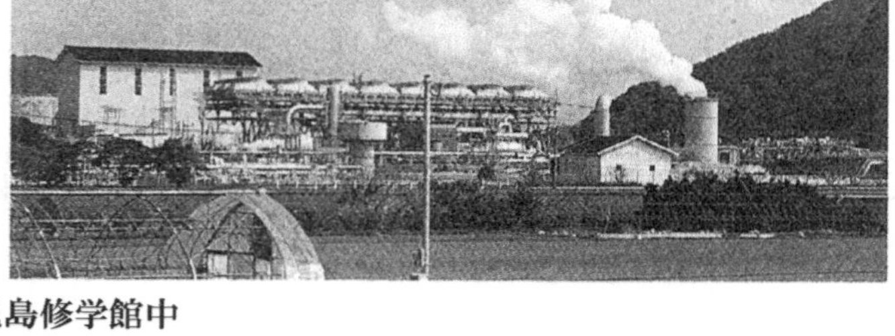

３ 次のＡ～Ｇの各文は，日本のそれぞれの時代のことについて述べたものです。これについて，あとの各問いに答えなさい。

Ａ　幕府が開かれてから80年余りたったとき，元の大軍が２度にわたって九州北部にせめてきました。執権《しっけん》の（　１　）は，主に九州の武士を集めて戦わせ，元の軍隊を退けました。

Ｂ　藤原京の後に，平城京がつくられました。都には，天皇をはじめ，貴族や下級役人などがくらし，にぎわいを見せていました。しかし，都のにぎわいを支える①地方の人々の生活はとても厳しいものでした。

Ｃ　②聖徳太子の死後，蘇我《そが》氏が天皇をしのぐほどの勢力をもちました。その様子を見た中大兄皇子と中臣鎌足は，蘇我氏をたおし，中国から帰国した留学生や留学僧《そう》らとともに天皇を中心とする国づくりを始めました。

Ｄ　足利氏は，京都に新しく幕府を開きました。３代将軍足利義満の時代には，幕府の力が最も強まり，③義満は中国との貿易を行うとともに，文化や芸術を保護しました。

Ｅ　豊臣秀吉は，大阪城を築いて政治の拠点《きょてん》としました。平定した土地で④検地を行い，刀狩《かたながり》を行って百姓《ひゃくしょう》たちから刀や鉄砲《てっぽう》などの武器を取り上げて，反抗できないようにしました。

Ｆ　徳川家康と２代将軍の秀忠は，⑤武家諸法度《ぶけしょはっと》というきまりを定め，全国の大名を取りしまりました。秀忠をついだ家光は，家康が築いた江戸城を大幅《おおはば》に改修し，全国を支配する拠点として整えました。

Ｇ　平治の乱の後，平氏が貴族の藤原氏にかわって政治を行うようになりました。（　２　）は，むすめを天皇のきさきとし，生まれた子を天皇に立て，大きな力をもちました。

問１　文中の（　１　）・（　２　）に入る最も適当な人名を書きなさい。

問２　ＢとＧの時代と関係の深い建築物の写真を次から選び，それぞれ記号で答えなさい。

（ア）

（イ）

（ウ）

（エ）

（オ）

問３　文中の下線部①について，農民たちが負担した税のうち，右の**絵**のような織物や地方の特産物を納めた税を何といいますか。漢字１字で書きなさい。

絵

問４　文中の下線部②について，この人物の政策を説明した文として，正しいものを一つ選び，記号で答えなさい。

（ア）冠位十二階を定め，豪族《ごうぞく》の家柄《いえがら》による身分制度の確立につとめた。

（イ）役人の心構えを示すために，十七条の憲法を定めた。

（ウ）小野妹子らを唐に派遣《はけん》し，進んだ制度や文化などを取り入れた。

（エ）仏教の教えを人々に広めるために，国分寺などを建てた。

問５　文中の下線部③について，義満が貿易を行った中国の国（王朝）の名を漢字１字で書きなさい

問６　文中の下線部④について，これらの政策によって，武士と百姓の関係はどのようになりましたか。「**武士**」，「**百姓**」ということばを使って簡潔に説明しなさい。

問７　文中の下線部⑤について，このきまりに定められた，大名の取りしまりの内容の一つを「**幕府**」，「**城**」ということばを使って簡潔に書きなさい。

問８　Ａ～Ｇの文を時代の古い順に並べなさい。ただし，最後は解答欄に示してあります。

令和４年度　社　会（その４）　鹿児島修学館中学校

４　次の文は，わたしたちの暮らしを支える仕事とその費用について述べたものです。これについて，あとの各問いに答えなさい。

わたしたちの暮らしを支える仕事は，①国や都道府県や市区町村の役所で働く人々によって行われています。その仕事にあてられる費用は，わたしたちが国や都道府県や市区町村に収める税金でまかなわれています。その年の税金の集め方や使い方を定めたものを予算と言いますが，国や都道府県や市区町村の予算は，それぞれ（　１　）や都道府県議会や②市区町村議会で私たちが選んだ議員の話し合いで決められています。

わたしたちのさまざまな願いにこたえ，暮らしを身近で支える仕事，たとえば公立の小学校・中学校をつくったり，ごみの処理をしたりする仕事は，おもに市区町村の役所が行っています。それをまかなう費用を③鹿児島市の予算で見ると，市民から集めた税金は約30％です。そして，鹿児島市の予算で支出の内訳を見ると，民生費と呼ばれる④子育てをしている人たちや高齢者《こうれいしゃ》とその家族，障害のある人などを支えるための費用に，市の予算の約50％が毎年使われています。

このように助けを必要としている人を，家族だけでなく社会全体で支えるしくみを（　２　）と言います。そのしくみは，わたしたちが安心して生きがいのある生活を送っていくうえで欠かすことができないもので，一層充実《じゅうじつ》させていくことが求められています。その一方で，そのために必要な費用を，社会全体でどのように負担していくのかを考えていくことも必要です。

問１　文中の（　１　）・（　２　）に入る最も適当な語句を書きなさい。

問２　下線部①について，学校でどのような勉強をどのくらいするかを決めたり，学校で使われる教科書が正しく書かれているかを点検したりする，国の役所を何といいますか。漢字５字で書きなさい。

問３　下線部②に関して，市議会への予算案の提出について述べた次の文の（　　　）にあてはまる最も適当な語句を書きなさい。

さまざまな費用を計算して作られた予算案を（　　　）が市議会に提出する。

問４　下線部③について，市民から集めた税金以外にはどのようなものが鹿児島市の予算の収入になっていますか。一つ例をあげなさい。

問５　下線部④に関連して，次の各問いに答えなさい。

(1)　右の**グラフ**を見て，次の文の（　１　）・（　２　）にあてはまる適当なことばを書きなさい。

2015年と2060年の予測の人口構成を比べると，65歳以上の高齢者の人口の割合が（　１　）なっていくのに対し，15～64歳の働き盛《ざか》りの人たちの人口の割合が（　２　）なっていくことが分かる。

グラフ

日本の人口と人口構成の変化

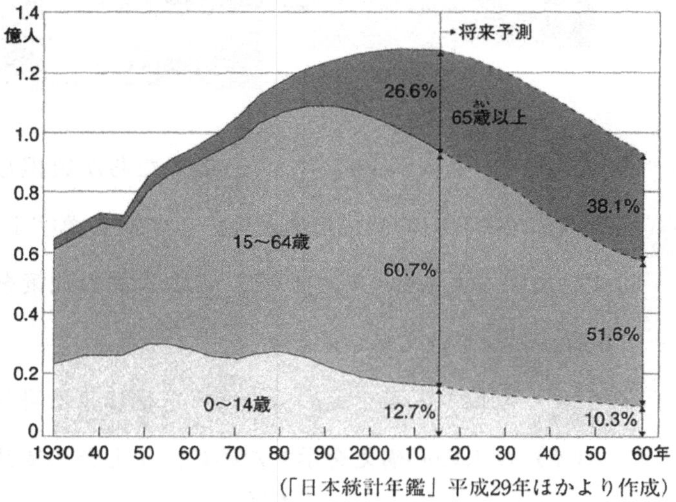

（「日本統計年鑑」平成29年ほかより作成）

(2)　高齢者の生活は社会全体で支える必要がありますが，そのために必要な費用の負担については今後難《むずか》しい問題が生じることが予想されます。それはどのような問題ですか，解答欄のことばに続けて書きなさい。

令和四年度 鹿児島修学館中学校入学者選抜試験 国語 解答用紙

受験番号

※100点満点

1

問1

問2

問3

問4

問5

問6

問7

問8

問1. 2点
問2. 2点
問3. 4点
問4. 5点
問5. 7点
問6. 4点
問7. 7点
問8. 4点

小 計

2

問1

問2

問3

問4

問5 Ⅰ Ⅱ Ⅲ

問6

問7

問1. 3点
問2. 2点
問3. 4点
問4. 4点
問5. 3点×3
問6. 4点
問7. 9点

小 計

3

問1 (1) やかな (2) (3) (4) (5) う (6) (7) (8) (9) (10)

問2 ① ② ③

問3 ① ② ③ ④

問1. 2点×10
問2. 1点×6
問3. 1点×4

小 計

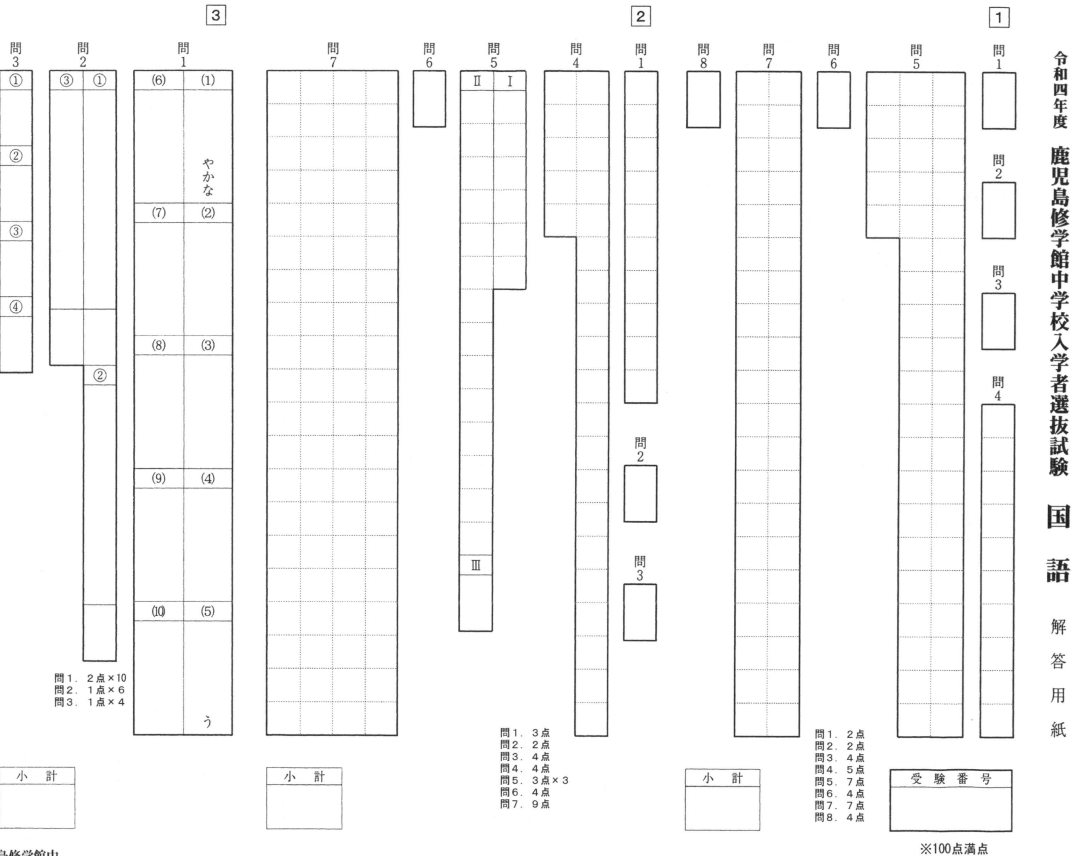

令和４年度　**鹿児島修学館中学校入学者選抜試験**

算　　数　解答用紙

受験番号	

※100点満点

1

(1)		(2)		(3)		(4)	
(5)		(6)		(7)		(8)	

1の小計　３点×８

2

(1)		(2)	人	(3)	本	(4)	
(5)	分速　　m	(6)	歳	(7)	ページ	(8)	本
(9)	個	(10)					

2の小計　４点×10

3

(1)	度	(2)	度	(3)	cm^2	(4)	cm
(5)	cm	(6)	cm^2				

3の小計　４点×６

4

(1)	番目	(2)		(3)	番目

4の小計　４点×３

令和４年度　鹿児島修学館中学校入学者選抜試験

理　　　科　解　答　用　紙

受験番号	

※50点満点

1

(1)			
(2)			
(3)		(4)	

(1)，(2) 2点×3
(3)，(4) 3点×2

1の小計

2

(1)					
(2)					
(3)					
(4)	① km	②	秒	③	秒速 km
(5)	時　分　秒				

(1)～(3)，(4)③，(5) 2点×5
(4)①，② 1点×2

2の小計

3

(1)		(2)	
(3)	① g	②	mL
(4)			

(1)，(2)，(3)① 2点×3
(3)② 3点
(4)完答4点

3の小計

4

(1)		(2)	
(3)			
(4)	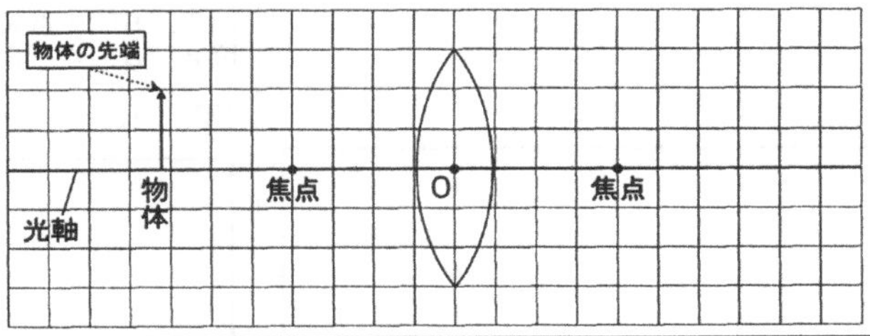	(5)	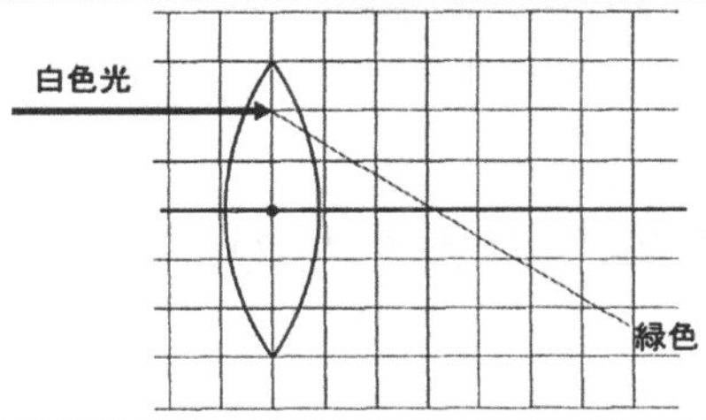

(1)，(2) 2点×2
(3)～(5) 3点×3

4の小計

令和４年度　鹿児島修学館中学校入学者選抜試験

社　会　解答用紙

受験番号	

※50点満点

1

問1	1	2	問2	

問3	記号		理由	

問4		問5	

問1．１点×２
問２～５．２点×５

1の小計

2

問1	A	B	C	問2		問3	

問4	(1)		(2)	

問5	(1)		(2)	

問１，３，４(1)１点×５
問２，問４(2)，問５．２点×４

2の小計

3

問1	1	2	問2	B	G

問3		問4		問5	

問6	
問7	
問8	→ → → → → → F

問１～５．１点×７
問６～８．２点×３

3の小計

4

問1	1	2	問2	

問3		問4	

問5	(1)	1	2
	(2)	15～64歳の働き盛りの人たちの	

問１，５(1)１点×４
問２，３，４，５(2)２点×４

4の小計

令和三年度　国語（その一）（45分）　鹿児島修学館中学校

1　次の文章を読んで、あとの問いに答えなさい。（字数制限のある問題の解答は、句読点や「」なども字数に数えます。）

著作権に関係する弊社の都合により
本文は省略いたします。

教英出版編集部

著作権に関係する弊社の都合により
本文は省略いたします。

教英出版編集部

（佐藤善人《さとうよしひと》編『スポーツと君たち』所収　杉山佳生《すぎやまよしお》氏の文章による）

＊（注）ボールパーソン＝ボールを拾ったり、新しいボールを審判や選手に渡したりする人。

令和三年度　国語（その二）　鹿児島修学館中学校

問1　【 A 】〜【 C 】に入る言葉として最も適当なものを次から選び、それぞれ記号で答えなさい。

ア　このように　　イ　むしろ　　ウ　ところで　　エ　また　　オ　たとえば

問2　――線部ａ「思われています」の主語を本文中から書きぬきなさい。

問3　――線部①「最近のスポーツ科学の世界での考えかた」についてまとめた次の一文の［　　］に入る言葉を、本文中から二十一字で書きぬきなさい。

> ただスポーツをするだけでは［　　　　］ような「力」や「効果」は得られない、という考えかた

問4　――線部②「配慮する」と同じような意味の言葉を本文中から六字で書きぬきなさい。

問5　次の文は、スポーツを楽しみながら、人としての成長を図るために必要なこと、スポーツ選手にとって身につけてほしい大切なことをまとめたものです。【 Ⅰ 】〜【 Ⅲ 】に入る適当な言葉をそれぞれ本文中から書きぬきなさい。ただし、【 Ⅰ 】・【 Ⅱ 】には五字、【 Ⅲ 】には十二字の言葉が入ります。

> スポーツを楽しみながら、人としての成長を図るためには、【 Ⅰ 】と【 Ⅱ 】が必要で、【 Ⅲ 】だと思っているスポーツ選手に、正直さや他人への思いやりの気持ちを持ってプレーをして欲しいと考えている。

問6　次の文は、本文を読んだ小学生の感想です。筆者の主張と合うものを二つ選び、記号で答えなさい。

ア　ゴルフをすると、何もしなくてもプレーヤーとして守るべきマナーが自然に身につくということを知り、感激しました。

イ　サッカーの試合に出て活躍《かつやく》するだけでは、リスペクトの本当の意味には気づきにくいということを知り、おどろきました。

ウ　すべてのスポーツで、相手に感謝の気持ちを伝えるためにルール作りが大切だということを知り、うれしくなりました。

エ　スポーツをするだけで、責任感や道徳心、がまん強さは身につくわけではないということを知り、納得しました。

オ　スポーツをすることが、人として成長するのにあまり役に立たないということを知り、がっかりしました。

問7　スポーツに限らず、あなたがこれまでに「自分が成長できたと思う体験」と「その体験から学んだこと」を九十字以内で書きなさい。

令和三年度　国語（その三）　鹿児島修学館中学校

2　次の文章を読んで、あとの問いに答えなさい。（字数制限のある問題の解答は、句読点や「　」なども字数に数えます。）

> 佑《たすく》の祖父（大内）は認知症《にんちしょう》と診断《しんだん》され*デイサービス「こもれび」に通うことになった。しかし、祖父はデイサービスに行くのをいつも嫌《いや》がり、この日はデイサービスを休んでしまう。胸騒《むなさわ》ぎを覚えた佑は祖父の家へ向かう。

「ぼけてなぞおらん」
祖父の声だ。
「お父さんったら」
それをとりなすような、母の声も。
やっぱ。
佑は思わず玄関《げんかん》に走り込《こ》んだ。玄関に立っていた人が振《ふ》り返った。
「あ、こんにちは」
*林さんだった。
「ああ、佑くん」
林さんは①笑顔を張りつけた。
「林さんが心配して、来てくださったんだけどね」
一方の母は、眉毛《まゆげ》が下がっていた。困りきった表情で、祖父を見やる。
おじいちゃんたら、こんな調子で。
無言の目くばせがそう言っていた。
「大事なことだから、もう一度言おう。わしはぼけておらんっ！」
佑は母と顔を見合わせた。認知症は、自分が病気だという自覚が薄《うす》いのが症状のひとつであることを、知っていたからだ。
だからふたりで首を横に振り合ったのだが、林さんだけはうなずいた。
「そうよ、大内さんはしっかりしてるわよ」
わざとらしい言い方ではなかった。
祖父は黙《だま》った。そのまましばらく間をとったのち、小さく息をついた。そして、言った。②落ち着いた声になっていた。
「ただ、『どうしたいのか』なんてきかれたって、答えられんだけなのだ。こっちだって、人の世話になりたくないのは、ᵃやまやまなのだ。けれども自分ひとりでは、できないことがあるのも知っている。そこへきて、自分がどうしてもらいたいかを言ったら、強制してるみたいじゃないかね。③わしがまるで、横暴《おうぼう》な頑固《がんこ》じじいみたいじゃないかね」
いや、ちょっとはそうなんですけど。
と一瞬《いっしゅん》、思いかけたが、佑は祖父を見た。【　Ａ　】。祖父の言い分は、わかるような気がしたのだ。
じっと見た祖父の目は、空洞《くうどう》なんかではなかった。見つめていたのは林さんではなく、自分の足元だったが、黒目にはしっかりと力があった。
林さんもしばらく考え込むように黙っていたが、ふっと顔を上げた。
「なるほど。わかったわ」
感心したような声を出す。
「そうよね。そうよ。誰《だれ》だって、誰かの世話になるのは申し訳ないと思っているのよ。それを『どうしたいのか』なんてきかれたって、言いづらいわよねぇ。こっちは、言ってもらったほうが楽なんだけど、世話をされるほうとすればねぇ」
林さんはすっきりしたように笑った。そして、佑に向かって説明してくれた。
「あのね、佑くん。私、今日は大内さんに希望をききに来たの。だって、せっかくこもれびに来てもらっているんだもの。もっと快適《かいてき》に過ごしてもらおうと思ってね。でも、大内さんの言う通りだわ。ありがとう。そう言われて、初めてわかったわ」
林さんにお礼を言われて、祖父は顔を赤くした。よっぽど恥《は》ずかしかったのだろうか。
「うむむ」
と唸《うな》ったあと、

「わ、わしだって、好きでぼけてしまったわけではない」

そう言い残し、【　Ｂ　】奥《おく》に引っ込んでしまった。

「申し訳ありません」

林さんに頭を下げた母の向かいで、佑はちょっと首を傾《かし》げた。④祖父が言い残していった言葉が引っかかったのだ。

もう少し様子を見る、と、母が残ったので、佑はひとりで家に帰った。ダイニングでは、*理子が焼きそばを食べていた。テーブルには、塩、コショウ、ソース、マヨネーズなどが並んでいる。

母が帰ってこないので、自分で作ったらしいが、ひと目見ただけで、焼きそばがのびきっているのがわかった。

「食べる?」

が、勧《すす》められると、猛烈《もうれつ》にお腹《なか》がすいていたことを思いだした。なにしろ、プールの帰りなのだ。

「うん。いただく」

フライパンに残っていた焼きそばを、皿に大盛りにして、かき込んだ。

（中　略）

「あのさ」

ソースを回しかけながら、佑は理子にたずねてみることにした。空腹がおさまったおかげか、引っかかっていたことを思い出したのだ。

「おじいちゃんって、自分がぼけてることわかってんの?」

祖父の口からは、「ぼけてなぞおらん」というセリフを、これまで何回かきいていたから、最後に言い残した、「わしだって、好きでぼけてしまったわけではない」は不思議だったのだ。

すると、理子は意外な返事を返した。

「たまに、ふっとわかるみたいよ」

「へ?　そうなの?」

「うん。だって私たちだって、気分に波があるでしょ。佑だって楽しいときもあれば、落ち込んでしまうときもあるでしょ」

「そりゃあるよ」

遊ぶときは楽しいが、テストは嫌だ。悪い点数が返ってくると、さらに落ち込む。

「認知症の人は、その差が大きいらしいの。おじいちゃんも支離滅裂《しりめつれつ》なときと、まともなときがあるでしょ」

「あるねぇ」

「だから、まともなときには、自分がおかしいことがわかってしまって、あせったり落ち込んだりするんだって、お母さんが言ってた。おじいちゃん、この間泣いていたんだって」

「この間?」

「うん。お母さんが泊《と》まりに行ったじゃん?　あとからきいたんだけど、そのとき、夜中仏壇《ぶつだん》の前でごにょごにょ言ってたんだって。『わしはどうしてこんなになってしまったのか』って」

「そうだったのか」

⑤佑は誰かに素手《すで》で、心臓をつかまれたみたいな気になった。ひゅっと体の芯《しん》が引きつって、胸が熱く苦しくなる。

理子が席を立った。こちらも気分がよろしくないのか、浮かない顔をしている。

「昨日返ってきたテストが最悪で。このままじゃまずいから、自習室に行く」

らしい。

「おじいちゃんにとっては、認知症は、ほかの病気になるよりも、辛《つら》かったかもしれない。プライドが高いから」

理子は、はーっと重たいため息をついたが、佑にもわかる気がした。祖父はじつに*かくしゃくとしていたのだ。ちょっと前までは。

（まはら三桃《みと》『奮闘《ふんとう》するたすく』による）

*（注）　デイサービス＝昼間に利用できる介護施設《かいごしせつ》。　林さん＝デイサービス「こもれび」の主任。

理子＝佑の姉。　かくしゃく＝年をとっても丈夫《じょうぶ》で元気なこと。

令和三年度　国語（その五）　鹿児島修学館中学校

問1　――線部ａ「やまやま」の意味として最も適当なものを次から選び、記号で答えなさい。

ア　半分あきらめながらもつい心待ちにすること
イ　実際には実現できないがそうあってほしいと願うこと
ウ　無理なことだとわかっていても要求すること
エ　悪くないとわかっているのに心苦しく思うこと

問2　【　Ａ　】・【　Ｂ　】に入る言葉として最も適当なものを次から選び、それぞれ記号で答えなさい。

ア　もくもくと　　イ　せかせかと　　ウ　ちらちらと　　エ　まじまじと　　オ　びくびくと

問3　――線部①「笑顔を張りつけた」とありますが、「笑顔を張りつけ」るとはどういうことですか。十字以内で答えなさい。

問4　――線部②「落ち着いた声になっていた」とありますが、次の文はこの時の祖父の気持ちを説明したものです。【　】に入る適当な言葉を二十字以内で答えなさい。

佑と母のふたりとは違《ちが》い、林さんが【　　　　】ことに気付いて、怒りが静まった。

問5　――線部③「わしがまるで、横暴な頑固じじいみたい」の「みたい」と同じはたらきの「みたい」を次から選び、記号で答えなさい。

ア　明日は雨みたいだ　　イ　彼みたいな人物はめずらしい
ウ　彼女は太陽みたいな人だ　　エ　かぜをひいたみたいだ

問6　――線部④「祖父が言い残していった言葉が引っかかったのだ。」とありますが、佑が祖父の言葉に引っかかった理由が書かれている一文を本文中から探し、最初の七字を書きぬきなさい。

問7　――線部⑤「佑は誰かに素手で、心臓をつかまれたみたいな気になった」とありますが、この時の佑の気持ちを「プライド」「認知症」という言葉を使って、五十字以内で説明しなさい。

令和三年度　国　語（その六）　鹿児島修学館中学校

3

次の各問いに答えなさい。

問1　次の――線部の漢字はひらがなに、カタカナは漢字に直しなさい。

(1) 入学式に**臨**む。　(2) 重い荷物を**担**ぐ。　(3) 国の**許可**を得る。

(4) **過度**に期待する。　(5) 必死の**形相**で走る。　(6) **ジッセキ**を上げる。

(7) 荷物を**アズ**ける。　(8) **ツメ**たい風が吹く。　(9) ガラスの**ハヘン**を拾う。

(10) **シゲン**ごみを再利用する。

問2　（例）にならって、次の【　】に入る漢字を組み合わせてできる四字熟語を答えなさい。

（例）　一【日】千秋　花鳥風【月】　独立独【歩】　一【進】一退　→　答え（日進月歩）

①　一心【　】体　開【　】一番　不協和【　】　天変地【　】

②　急転【　】下　【　】純明快　感情移【　】　一【　】両断

問3　次のことわざの【　】に入る生き物をひらがなで答え、完成したことわざの意味として適当なものを後から選び、それぞれ記号で答えなさい。

①【　】の耳に念仏　②　とらぬ【　】の皮算用　③【　】も鳴かずば撃《う》たれまい

ア　どんなに助言や忠告をしても、まったくきき目がないこと

イ　能力のある人は、人前でひけらかしたりしない

ウ　よけいなことを言わなければ、災難にあうこともない

エ　確かでないことをあてにして、気楽な計画を立てること

令和３年度　算　数（その１）　鹿児島修学館中学校

（45分）

1　次の(1)～(8)の □ にあてはまる数を答えなさい。

(1)　576 － 289 ＝ □

(2)　45 × 73 ＝ □

(3)　14 ＋ 56 ÷ 7 － 2 ＝ □

(4)　51.3 － 26.8 ＝ □

(5)　8.61 ÷ 4.2 ＝ □

(6)　$\frac{2}{9} + \frac{5}{18} - \frac{1}{4} =$ □

(7)　$\frac{3}{10} \div 1\frac{4}{5} =$ □

(8)　$1\frac{1}{6} - \frac{1}{4} \div \frac{3}{5} =$ □

2　次の(1)～(9)の □ にあてはまる数を答えなさい。また，(10)の問いに答えなさい。

(1)　10，20，35 の最小公倍数は □ です。

(2)　時速 90 km は，秒速 □ m です。

(3)　7 種類の果物から 3 種類の果物を選ぶとき，その選び方は □ 通りです。

(4)　クラスの人数が 40 人で，女子が男子よりも 6 人多いとき，このクラスの女子の人数は □ 人です。

(5)　ノート 3 冊と鉛筆 2 本の代金は 590 円で，ノート 5 冊と鉛筆 2 本の代金は 890 円です。このとき，鉛筆 1 本の値段は □ 円です。ただし，消費税は考えません。

(6)　修君と修君のお父さんの身長の比は，17：19 です。修君のお父さんの身長が，修君より 18 cm 高いとき，修君の身長は □ cm です。

(7)　1 から 5 までの 5 個の数字のうち，異なる 2 個の数字を使って 2 けたの整数を作るとき，32 より小さい数は □ 通りです。

(8)　ある仕事をするのに，A 君 1 人では 12 日間かかり，B 君 1 人では 15 日間かかります。この仕事を A 君が最初に 1 人で 4 日間行ったあと，残りを B 君が 1 人で行います。この仕事を終えるのに A 君が最初に仕事を始めてから全部で □ 日間かかります。

(9)　A さんと B さんがおはじきを 30 個ずつ持っています。この 2 人でじゃんけんをして，負けた方が勝った方におはじきを 3 個あげるというゲームをしました。このルールで，じゃんけんを 10 回したところ，A さんが □ 回勝ったので，A さんのおはじきは 24 個になりました。ただし，あいこはないものとします。

(10)　$1\frac{4}{5} \div \frac{3}{10}$ の式になる問題を 1 題作りなさい。

令和３年度　算　数（その２）　鹿児島修学館中学校

3　次の(1)～(6)の □ にあてはまる数を答えなさい。

(1)　右の図は，正方形アイウエと正三角形アイオを組み合わせて，頂点イと頂点エ，頂点エと頂点オをそれぞれ結んだものです。㋐ の角度は □ 度です。

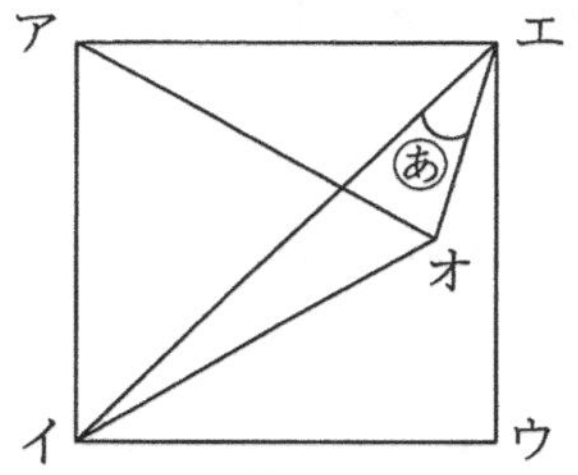

(2)　正方形の紙を右の図１のように折り，広げたものが図２です。㋐ の角度は □ 度です。

図１

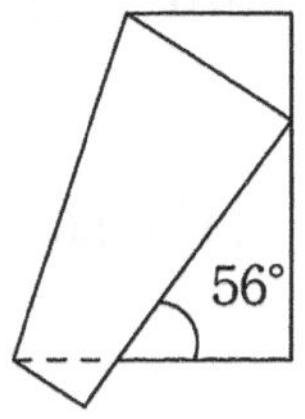

図２

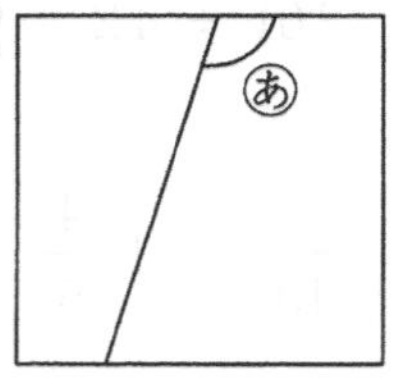

(3)　右の図は，３つのおうぎ形を重ねたものです。▨ の部分の面積は □ cm²です。ただし，円周率は 3.14 とします。

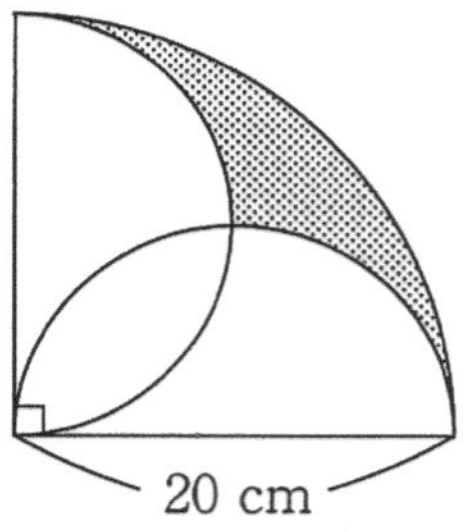

(4)　右の図は，正方形と４つのおうぎ形を重ねたものです。太線の長さの合計は □ cmです。ただし，円周率は 3.14 とします。

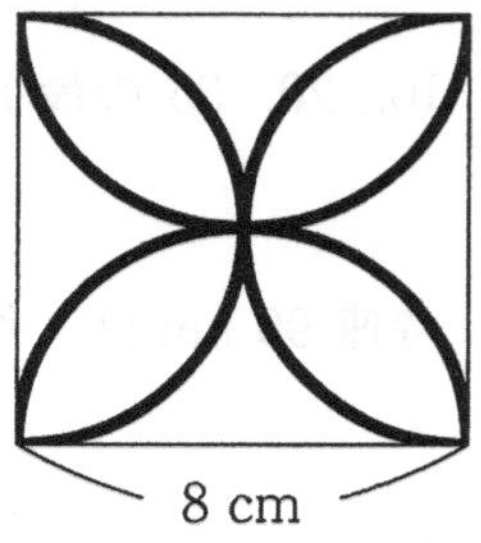

(5)　右の図は底面の直径が 4 cm，高さが 6 cm の円柱の半分を切り取った立体です。この立体の表面積は □ cm² です。ただし，円周率は 3.14 とします。

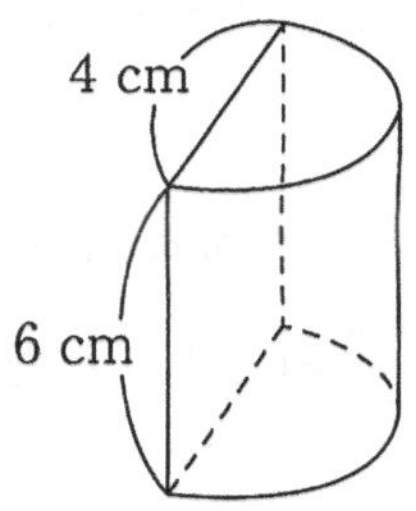

(6)　右の図で，四角形アイウエは長方形です。四角形オカキクの面積は □ cm² です。

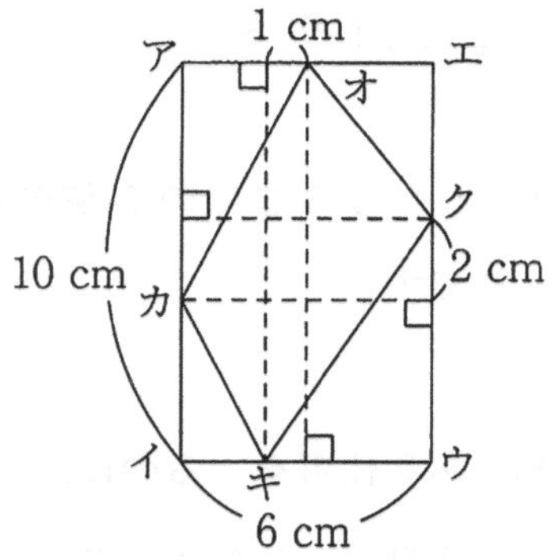

4　整数 1，2，3，4，5，6，7，・・・・・・を右の表のように規則正しく並べました。

次の(1)～(4)の □ にあてはまる数を答えなさい。

(1)　第 4 群の最後の数は □ です。

(2)　第 8 群の最初の数は □ です。

(3)　2021 は，第 □ 群の左から □ 番目の数です。

(4)　第 9 群に含《ふく》まれる数の中で，3 の倍数は □ 個あります。

第 1 群	1，2
第 2 群	3，4，5，6，7，8
第 3 群	9，10，11，……，25，26
第 4 群	27，…………………………
第 5 群	………………………………
第 6 群	………………………………
⋮	………………………………

令和３年度　理　科（その１）　鹿児島修学館中学校

（30分）

1 修くんは，鹿児島市の店で袋《ふくろ》に入って売られているインゲンマメの種子が，なぜ袋の中で発芽しないのか疑問に思い，種子が発芽する条件を実験で調べることにしました。これについて，あとの問いに答えなさい。

(1)　種子は肥料を含《ふく》まない土でも発芽します。その理由を答えなさい。

(2)　修くんは，店で売られているインゲンマメの種子の袋に「発芽に適した時期（４～６月）」と書かれていたことから，**図１**のような**実験（ア）**，**（イ）**を行いました。その結果，**実験（ア）**の種子は発芽し，**実験（イ）**の種子は発芽しませんでした。この結果から分かる，発芽に必要な条件を答えなさい。なお，冷蔵庫の中は暗いので，光の条件を同じにするために**実験（ア）**では箱をかぶせましたが，空気は出入りできるものとします。

図１

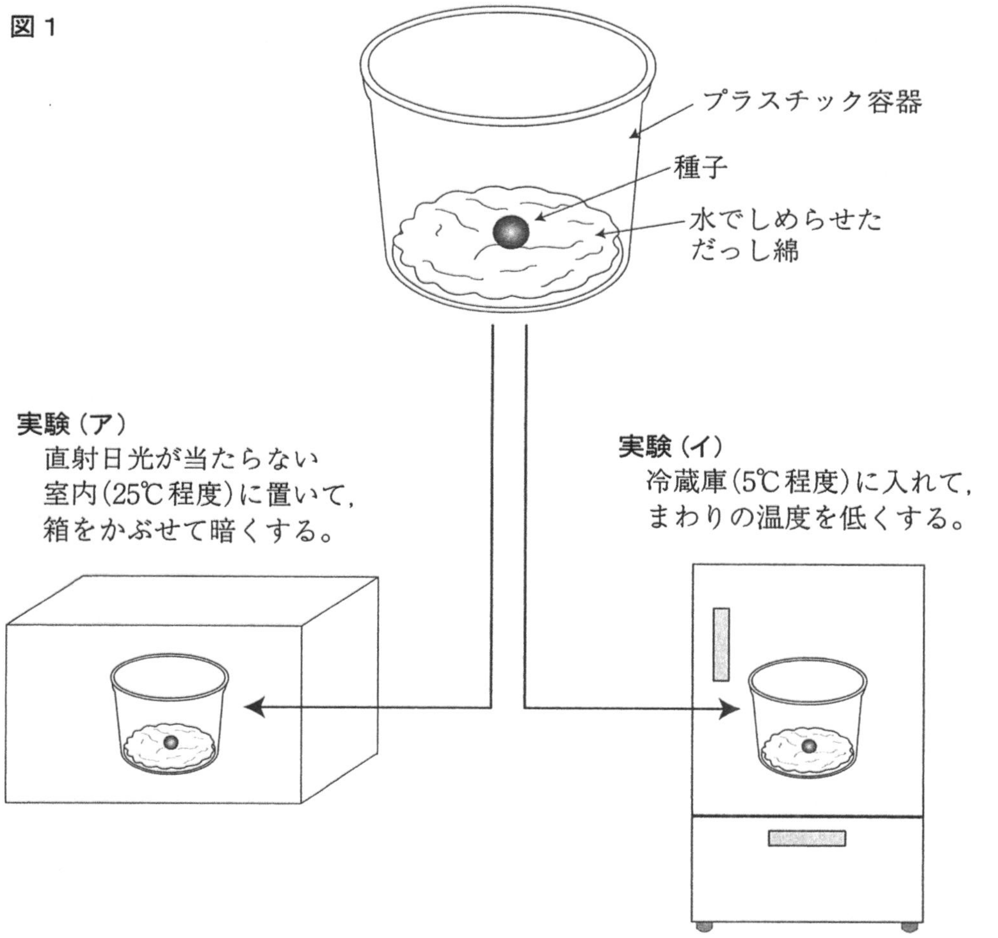

プラスチック容器
種子
水でしめらせた
だっし綿
実験（ア）
直射日光が当たらない
室内(25℃程度)に置いて，
箱をかぶせて暗くする。
実験（イ）
冷蔵庫(5℃程度)に入れて，
まわりの温度を低くする。

(3)　修くんはさらに，発芽には「水」，「空気」が必要だと予想を立て，２つの実験を行いました。**実験（ア）**と比較《ひかく》して，「水」が必要だと証明するための実験を**実験（ウ）**，「空気」が必要だと証明するための実験を**実験（エ）**として，**図１**のように図や文章を用いて，**実験（ウ）**と**実験（エ）**の内容をそれぞれかきなさい。なお，**実験（ウ）**，**（エ）**の実験材料としては，インゲンマメの種子，プラスチック容器，だっし綿，水，空気の出入りできる箱を準備し，それ以外のものは使わないとします。

令和３年度　理　科（その２）　鹿児島修学館中学校

2　鹿児島市（東経130°，北緯《ほくい》31°）に住んでいる修くんは，月の観察をしました。**図１**は，修くんが観察したときの月の位置と形を記録したものです。**図２**は，北極点上空から見た月・太陽（太陽の光）・地球の位置関係を表したものです。これについて，あとの問いに答えなさい。

図１

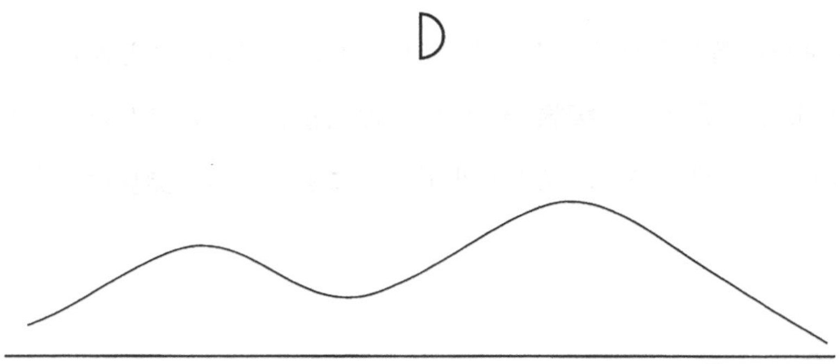

図２

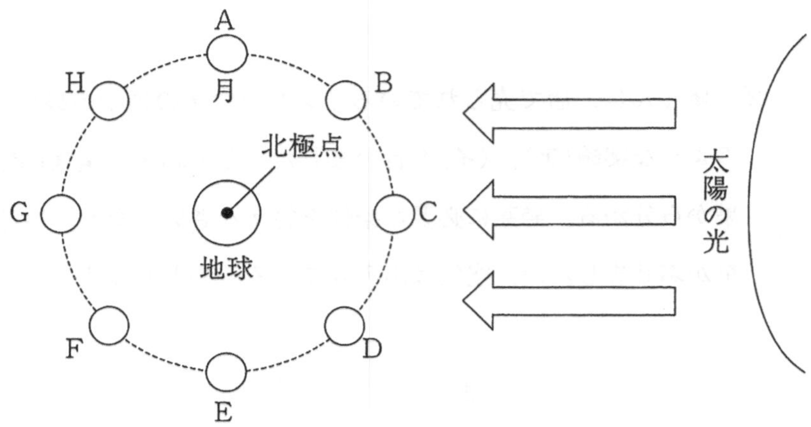

(1)　月は地球から見える星の中で，太陽の次に明るく光って見えます。自ら光を出さない月が，太陽の次に明るく光って見える理由を答えなさい。

(2)　修くんが，月を観察した時間帯を次の**ア**～**エ**から一つ選び，記号で答えなさい。

ア　明け方　　**イ**　正午　　**ウ**　夕方　　**エ**　真夜中

(3)　**図１**のような月が見えたときの月の位置を，**図２**のＡ～Ｈから一つ選び，記号で答えなさい。

(4)　修くんが望遠鏡で月を観察すると，月の表面には**図３**のようなたくさんのくぼみがありました。

①　このくぼみを何といいますか。カタカナで答えなさい。

②　このくぼみはどのようにしてできましたか。次の**ア**～**エ**からもっとも適当なものを一つ選び，記号で答えなさい。

ア　火山活動によってできた。

イ　流れる水にけずられてできた。

ウ　うすい大気にけずられてできた。

エ　石や岩が月の表面にぶつかってできた。

図３

(5)　修くんが月を観察した日の同じ時刻に，**図４**に示したある地点X（東経130°，南緯31°）から見える月の形としてもっとも適当なものを，下の**ア**～**カ**から一つ選び記号で答えなさい。ただし，黒く塗《ぬ》りつぶした部分は影《かげ》を示すものとします。

図４

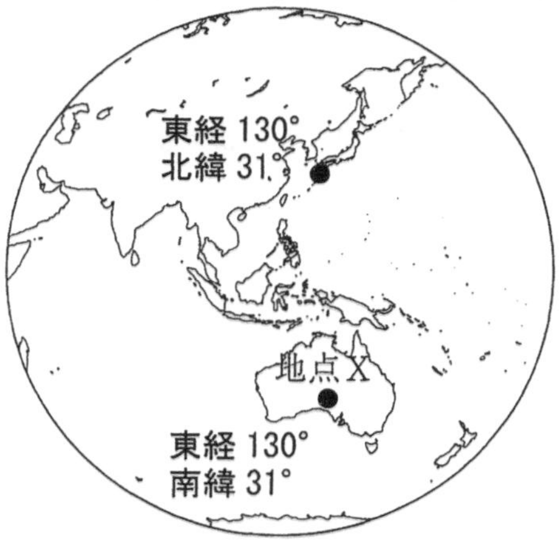

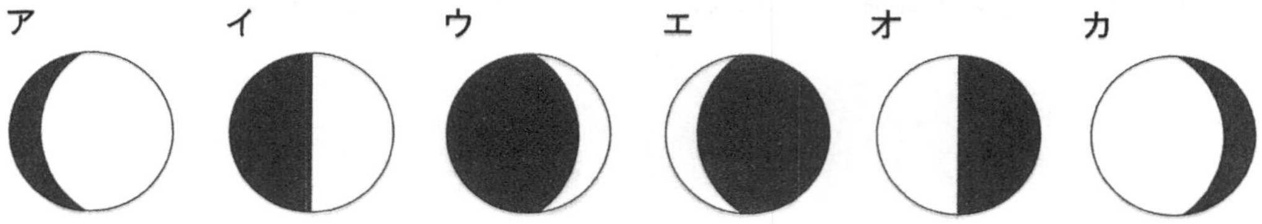

令和３年度　理　科（その３）　鹿児島修学館中学校

3 地球は約46億年前に誕生し，最初の生物は約38億年前に海の中に誕生しました。大気は地球が誕生するときに内部から噴出《ふんしゅつ》したものですが，重力が大きいため地球の表面近くに引きつけられ，宇宙空間に逃げないでとどまったものです。地球の環境《かんきょう》について，あとの問いに答えなさい。

(1)　最初の大気は酸素を含んでいませんでしたが，約20億年前から徐々《じょじょ》に含まれるようになり，現在の状態になりました。その過程として最も大きく影響《えいきょう》しているものを，あとの**ア**～**エ**から一つ選び，記号で答えなさい。

ア　火山の噴火《ふんか》の時に，噴出ガスとして酸素が放出された。

イ　太陽のエネルギーとともに，酸素が放出された。

ウ　植物のはたらきによって，酸素が放出された。

エ　土や岩石に含まれていた酸素が放出された。

(2)　大気中に増えた酸素は，地上約20～40kmに達して，太陽から放出される強い紫外線《しがいせん》を吸収してオゾンに変わり，オゾン層をつくりました。しかし，南極の特殊《とくしゅ》な環境のもとではオゾン層の破壊《はかい》が進み，オゾンの量が極端《きょくたん》に少なくなっていることがわかりました。

①　オゾン層の破壊の原因となっている物質は何ですか。次の**ア**～**オ**から一つ選び，記号で答えなさい。

ア　二酸化炭素　　**イ**　フロンガス　　**ウ**　メタンガス　　**エ**　窒素《ちっそ》酸化物　　**オ**　硫化《りゅうか》水素

②　オゾン層は，宇宙からの紫外線をさえぎるので，生物の生存に適した環境をつくっています。オゾン層が破壊されて紫外線が地球に多く届くと，どんな影響があると考えられますか。次の**ア**～**オ**からもっとも適当なものを一つ選び，記号で答えなさい。

ア　湿度が上昇《じょうしょう》する。　　**イ**　気温が上昇する。　　**ウ**　皮膚《ひふ》がんになる。

エ　菌類《きんるい》が増殖《ぞうしょく》する。　　**オ**　気圧が上昇する。

(3)　工場の排煙《はいえん》や自動車の排気ガスなどから，二酸化炭素のほかに硫黄《いおう》や窒素酸化物も大気中に放出されます。これらが大気中で硫酸《りゅうさん》や硝酸《しょうさん》になり，雨にとけて酸性の雨を降らせます。この酸性の雨によって植物が受ける影響を一つ答えなさい。

(4)　右の**図**は，大気中のある気体の濃度《のうど》変化を表しています（ppmvは，体積比で100万分の１を表す単位）。1800年ごろから，この気体の濃度は急激に増加しました。この気体の急激な増加により，大気の温室効果が強まったことが，地球の温暖化の原因の一つと考えられています。

①　この気体の名前を答えなさい。

②　この気体の濃度が急激に増加した理由として考えられることを一つ答えなさい。

図

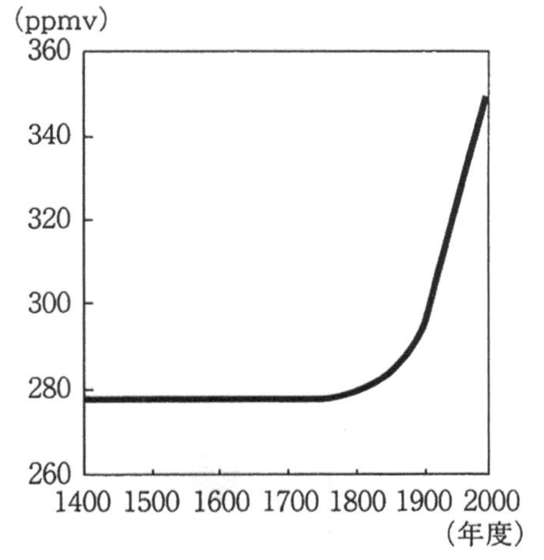

4　次の**実験１，２**について，あとの問いに答えなさい。

［**実験１**］

長さが15cmのばねＡと，10cmのばねＢにいろいろな重さのおもりをつるして，ばねの長さを調べると，**図１**のグラフのようになりました。ただし，ばねの重さは考えないものとします。

図１

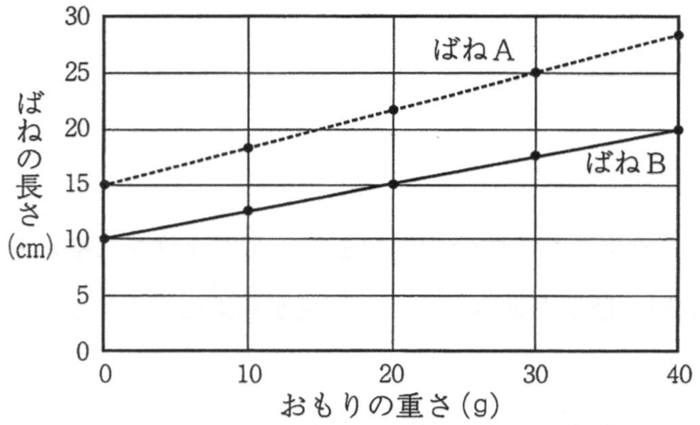

図２

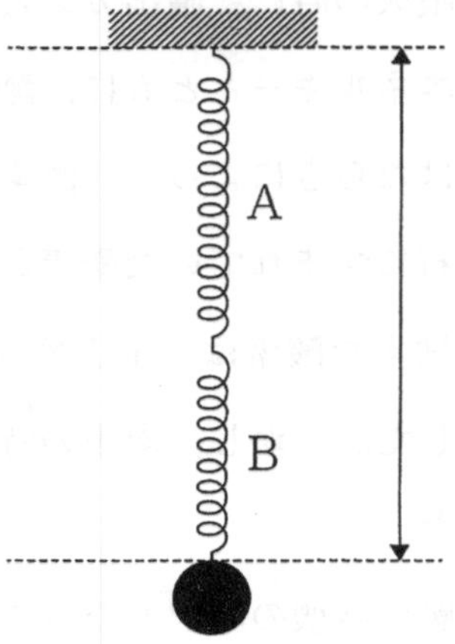

⑴　ばねＡを１cmのばすのに必要なおもりの重さは何ｇですか。

⑵　ばねＢに重さ60ｇのおもりをつるしたときの，ばねののびは何cmですか。

⑶　**図２**のように，ばねＡとばねＢをつなげ，30ｇのおもりをつるしました。**図２**の矢印で示すばね全体の長さは何cmになりますか。

［**実験２**］

図３はばねＢにおもりをつるし，水の入っているビーカーに沈《しず》めたところを表しています。おもりの重さを変え，ばねののびを調べると**図４**のようになりました。ただし，おもりを沈めたときは，おもりは完全に水の中に入っており，ばねの重さや体積は考えないものとします。また，水１cm^3あたりの重さは１ｇ，すべてのおもりの体積を20cm^3とします。

図３

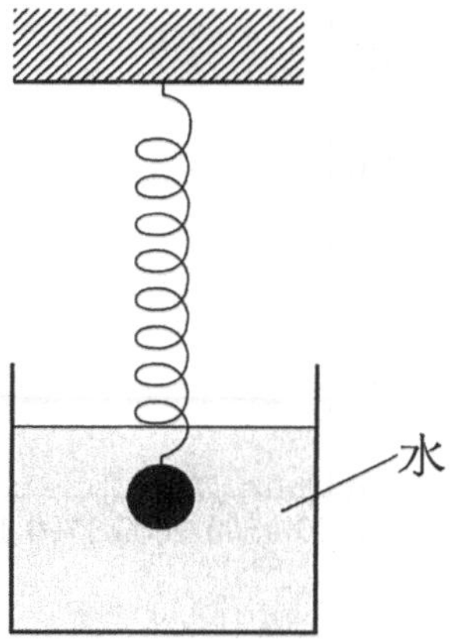

図４

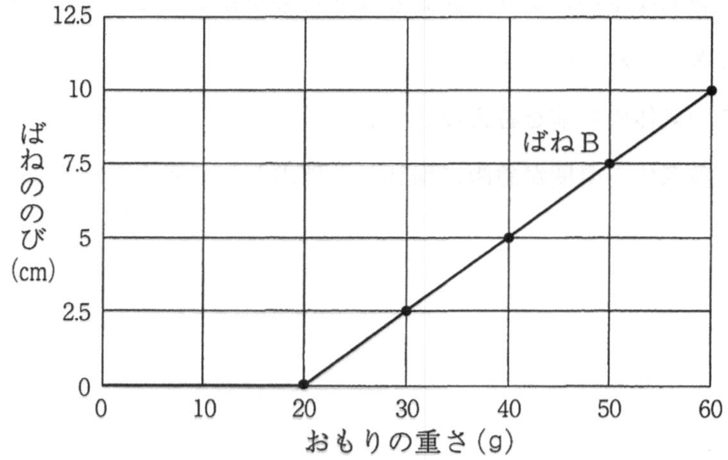

⑷　物体が水中に沈んだとき，水から浮力《ふりょく》という上向きの力を受けます。重さ40ｇのおもりが水から受ける浮力の大きさは何ｇですか。

⑸　重さ80ｇのおもりを用いて**実験２**を行ったとき，ばねＢののびは何cmになりますか。

令和3年度　社　会（その1）　鹿児島修学館中学校

（30分）

1 次の文は，関東地方について述べたものです。これについて，あとの各問いに答えなさい。

関東地方は，本州の東部に位置しています。大部分に関東平野が広がり，鬼怒川《きぬがわ》や利根川《とねがわ》，荒川といった大きな河川が流れています。一方で，北部や西部は多くの山地があり，①関東地方の気候にえいきょうを与えています。また，数々の島もあり，②世界自然遺産に登録されている小笠原《おがさわら》諸島をはじめ，日本の南のはしである（　1　）や東のはしである南鳥島は東京都に含《ふく》まれます。

東京湾の海ぞいは，九州地方の北部から帯のように広がっている（　2　）とよばれる工業のさかんな地域に含まれます。最近では，高速道路などの交通の発達から，内陸部にも工業地域が分布しています。

関東地方の農業は，畑作がさかんです。特に，人口の多い大消費地が近いという利点を生かし，野菜を中心とした近郊《きんこう》農業が行われています。群馬県では，地形や気候を活用した③野菜の生産や出荷を行っています。また，水産業では，千葉県の銚子《ちょうし》漁港が，代表的な漁港としてあげられます。近海で（　3　）と黒潮がぶつかるため，日本でも有数の水あげ量となっています。

東京都をはじめとする都市部では，地面がアスファルトで舗装《ほそう》されたことによる“都市型水害”などの新しい④災害が問題となっています。

問1　文中の（　1　）～（　3　）に入る語句を書きなさい。

問2　文中の下線部①について，この説明として最も適当なものを次から選び，記号で答えなさい。

（ア）冬は，山地をこえるしめった季節風のえいきょうで大雪となる。

（イ）冬は，山地をこえたかわいた季節風がふくことで，雨があまり降らず乾燥《かんそう》する。

（ウ）夏は，山地をこえたかわいた季節風がふくことで，気温が上昇《じょうしょう》する。

（エ）夏は，山地にぶつかった前線が長くとどまるため，雨の日が長く続く。

問3　文中の下線部②について，世界自然遺産に登録されている場所が鹿児島県にもあります。その場所を答えなさい。

問4　文中の下線部③について，**グラフ**は，群馬県，千葉県，長野県から東京都へのキャベツの月別出荷量（2019年）を表したものです。**グラフ**中の（ア）～（ウ）から群馬県として最も適当なものを選び，記号で答えなさい。また，そのように判断した理由を簡潔に説明しなさい。

グラフ

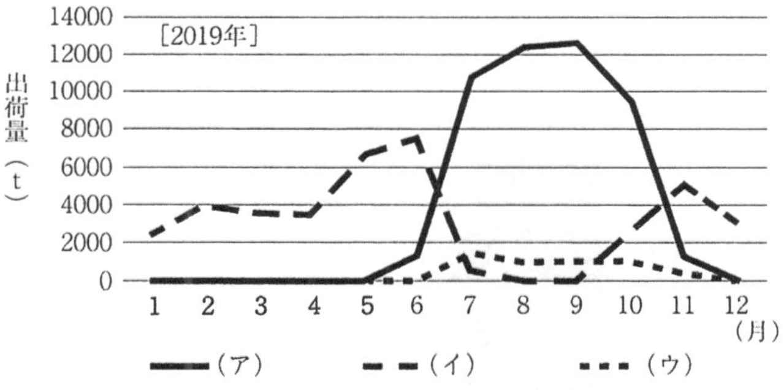

（『東京都中央卸売市場年報』より作成）

問5　文中の下線部④について，次の各問いに答えなさい。

(1)　**写真**は，鹿児島県で1993年8月におこった自然災害の被害を伝えるための石碑《せきひ》です。**写真**中の□に書かれている自然災害として最も適当なものを次から選び，記号で答えなさい。

（ア）地震《じしん》　（イ）豪雨《ごうう》　（ウ）噴火《ふんか》　（エ）津波《つなみ》

写真

(2)　**写真**のような自然災害の情報を伝える石碑やモニュメントを表すために，2019年に新しくできた地図記号の「自然災害伝承碑」はどれですか。次から選び，記号で答えなさい。

（ア）

（イ）

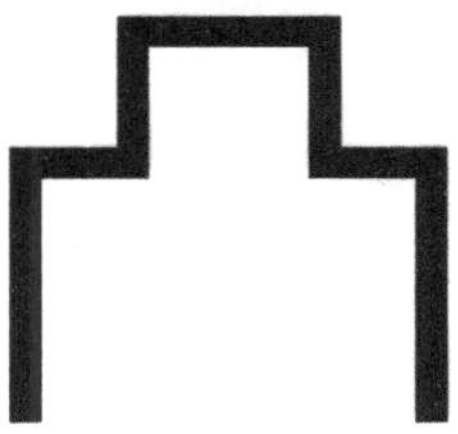

（ウ）

（エ）

令和３年度　社　会（その２）　鹿児島修学館中学校

2　次は，修さんが授業で都道府県について調べ，まとめた表の一部です。これについて，あとの各問いに答えなさい。

都道府県名	都道府県のかたち	地形や気候	産業
秋田県	X	東部にある山地や山脈が，気候にえいきょうをあたえる。	あきたこまちに代表されるように米の生産量が多い。
愛知県		西部は平地であり，人口が集中している。	世界的企業の工場を中心に，①関連工場が集中している。
京都府		北部から中部には山地が，南部には盆地が広がる。	古くから②お茶の生産がさかんで，宇治茶は日本三大茶にも数えられる。
山口県		南部は瀬戸内海の気候に含まれ，雨が少ない気候となる。	セメントの原料となる③鉱産資源の石灰石がよくとれる。

問１　次は，東北地方の４つの県のかたちを示したものです。空らんとなっている**X**にあてはまるものとして最も適当なものを次から選び，記号で答えなさい。ただし，地図の縮尺は同一ではなく，上が北になっています。

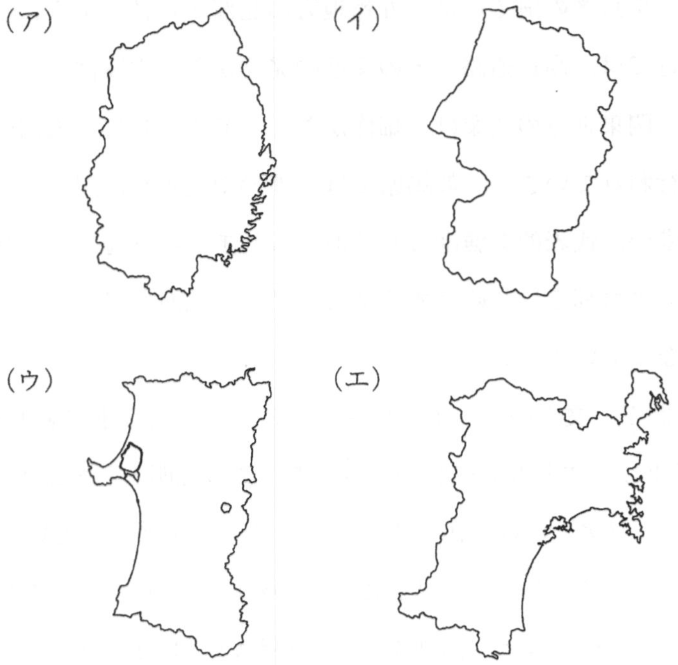

問２　下線部①について，次の問いに答えなさい。

(1)　愛知県を中心に広がる工業地帯は何ですか。その名称《めいしょう》を答えなさい。

(2)　**グラフ**は，４つの工業地帯・工業地域の業種別出荷額割合と出荷額の総額（2017年）を示したものです。**グラフ**中から(1)で答えた工業地帯として最も適当なものを選び，記号で答えなさい。

グラフ

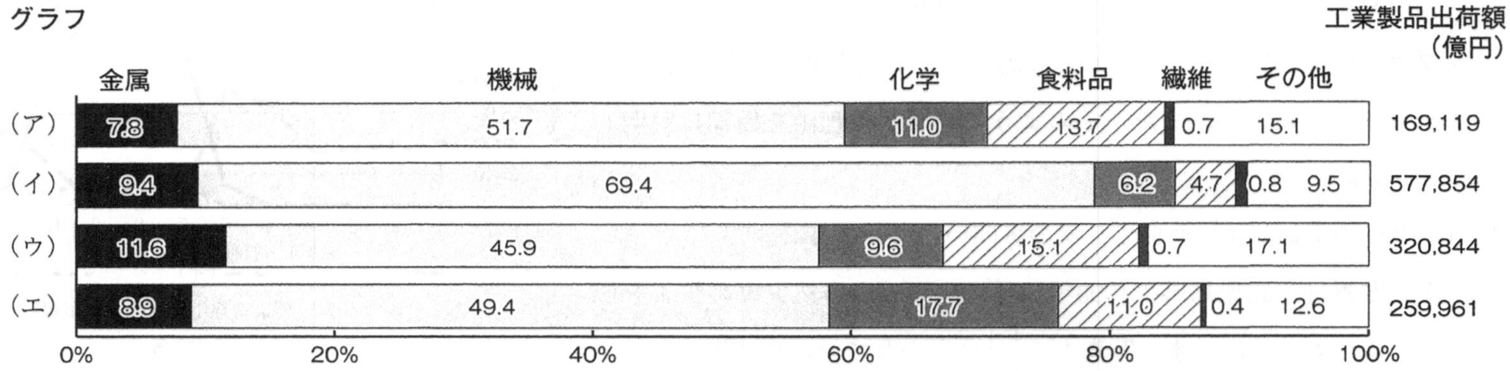

（矢野恒太記念会『日本国勢図会2020/21』より作成）

問３　下線部②について，**表**はお茶の生産量上位５府県とその生産量（2019年）を示したものです。**表**中の（あ）にあてはまる府県名を答えなさい。

表

順位	府県名	生産量（t）	割合（%）
1	（あ）	29,500	38.6
2	（い）	28,000	36.6
3	（う）	5,910	7.7
4	宮崎	3,510	4.6
5	京都	2,900	3.8
全国計		76,500	100.0

（農林水産省『令和元年産作物統計』より作成）

問４　下線部③について，原油をたくわえる基地や石炭などを使う工場は海ぞいに立地しています。その理由を，**資料**をもとに輸送手段にふれて，簡潔に説明しなさい。

資料

日本の資源・エネルギー自給率（2017）

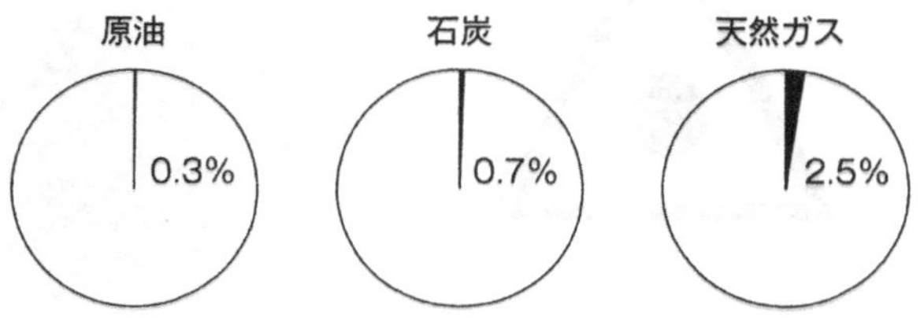

（矢野恒太記念会『日本国勢図会2020/21』より作成）

3　次のＡ～Ｅの各文は，日本の各時代の文化について述べたものです。これについて，あとの各問いに答えなさい。

Ａ　大名たちが日本の各地で戦っていたころ，ヨーロッパ人がアジアに進出してきた。日本にも①スペインやポルトガルから宣教師や貿易船がやってきて，ヨーロッパの進んだ文化や品物をもたらした。

Ｂ　②天皇のきさきに仕えた紫式部《むらさきしきぶ》は「源氏物語《げんじものがたり》」を，別のきさきに仕えた清少納言《せいしょうなごん》は「枕草子《まくらのそうし》」という随筆《ずいひつ》を書いた。後に成立した小倉百人一首には，この時代の女性の歌がたくさんおさめられている。

Ｃ　大きな都市では，商業も発達し，武士以外の人々の中にも，文化や学問に親しむ人々が現れた。町人たちの間では，歌舞伎《かぶき》が人気を集めたり，③浮世絵《うきよえ》の多色刷りの版画が親しまれたりした。

Ｄ　幕府の④３代将軍は，文化や芸術を保護し，京都の北山に金閣を建てた。８代将軍（　１　）のころには茶の湯や生け花などが流行し，⑤（　１　）は後に京都の東山に銀閣や東求堂《とうぐどう》を建てた。

Ｅ　病気によって都で多くの人々がなくなり，全国各地で災害や反乱がおこるなど，社会全体に不安が広がった。（　２　）は，⑥仏教の力で社会の不安をしずめて国を治めようと願い，国ごとに国分寺を建てることを命じた。

問１　文中の（　１　）・（　２　）に入る最も適当な人名を書きなさい。

問２　文中の下線部①について，**資料１**は当時のスペインやポルトガルとの貿易のようすです。この貿易を何といいますか。

問３　文中の下線部②について，このころ紫式部や清少納言など女性が文学者として活躍《かつやく》するようになった背景の一つとして，読み書きにあるものを使うことで自分の気持ちを細かく表現できるようになったことがあげられます。何を使ったのか答えなさい。

問４　文中の下線部③について，**資料２**は歌川広重《うたがわひろしげ》が描いて評判となった「東海道五十三次」の中の一枚です。**資料２**が描かれたころ，それまでの人物を描いた浮世絵版画ではなく，名所の風景を描いた浮世絵版画が流行しました。その背景を簡潔に説明しなさい。

問５　文中の下線部④について，金閣を建てた３代将軍が行った対外的な活動として正しいものを次から選び，記号で答えなさい。

（ア）中国を征服《せいふく》しようとして朝鮮《ちょうせん》に攻《せ》めこんだ。

（イ）貿易船の出入りを長崎に限って認めた。

（ウ）中国からの大軍を二度にわたって退けた。

（エ）勘合《かんごう》を使った中国との貿易を始めた。

問６　文中の下線部⑤について，**資料３**は東求堂の同仁斎《どうじんさい》という部屋で，このころ登場した書院造という新しい建築様式が使われています。右の写真を参考に，どんな特徴《とくちょう》があるか２つ以上あげて簡潔に述べなさい。

問７　文中の下線部⑥について，（　２　）は，後に金銅《こんどう》の大仏をつくれという詔《みことのり》（命令）も出しました。大仏づくりの実現には，多くの人々の協力が必要でしたが，**資料４**の人物の呼びかけが多くの人々の協力につながりました。どうしてこの人物の呼びかけに多くの人々が応じたのですか。この人物の名前とその行動にふれて，簡潔に説明しなさい。

問８　Ａ～Ｅを時代の古い順に並べ，記号で答えなさい。

資料１

資料２

資料３

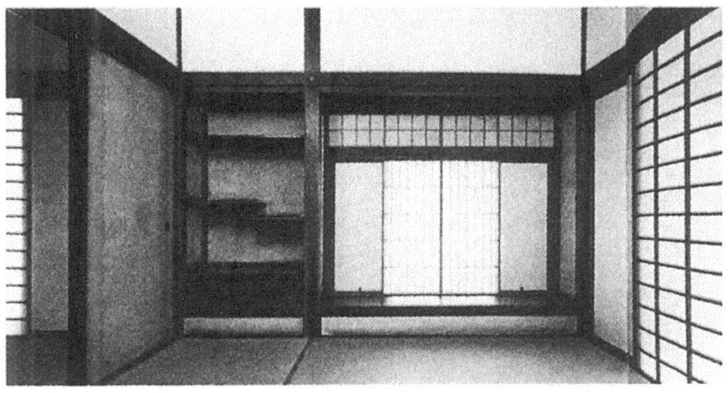

資料４

４　次は，昨年（2020年）７月にテレビで選挙結果を見ていたお父さんと小学校６年生の修くんとの会話です。これについて，あとの各問いに答えなさい。

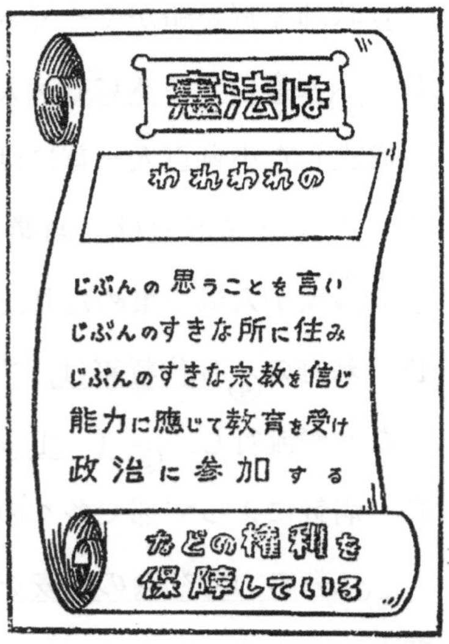

「あたらしい憲法のはなし」より（一部加工）

修くん　：　お父さん。テレビで何見てるの？

お父さん：　今日行われた鹿児島県の（　１　）選挙の結果を見ているんだよ。

修くん　：　ぼく今ね，社会の時間に日本の政治のしくみについて習っているんだ。

お父さん：　へぇ，そうなんだ。どんなことを習ったんだい。

修くん　：　①日本国憲法や②国会や内閣，③裁判，三権分立などについて勉強したよ。

お父さん：　④選挙についても習ったのかい？

修くん　：　少しだけ勉強したよ。今は，満（　２　）歳《さい》になると投票できるんだよね。ぼくも早く選挙に行ってみたいな。

お父さん：　近年，投票率が下がってきているからね。ぜひ，選挙に行って，よく考えて投票してほしいね。

問１　文中の（　１　）・（　２　）に入る最も適当な語句と数字を書きなさい。

問２　文中の下線部①について，憲法には３つの基本原則があります。右上の絵と最も関係の深い基本原則を答えなさい。

問３　文中の下線部②について，国会と内閣を説明した文として，正しくないものを選び，記号で答えなさい。

（ア）国会は，衆議院と参議院の２つの議論の場があり，それぞれで法律や予算の審議《しんぎ》を行う。

（イ）衆議院と参議院は，定数や任期・解散などに違《ちが》いがあり，議員はそれぞれの選挙で選ばれる。

（ウ）内閣は，内閣総理大臣と国務大臣からなり，全員が国会議員のなかから国会で選ばれる。

（エ）内閣は，国会が決めた予算や法律にもとづいて，各省や庁を指揮して仕事を行う。

問４　文中の下線部③について，裁判について述べた次の文の（　　　）に入る最も適当な語句を漢字で書きなさい。

「国民が裁判に関心をもち，国民の感覚や視点を裁判に生かすことを目的に，国民が（　　　）として裁判に参加する制度が実施されている。」

問５　文中の下線部④について，国会議員や地方議員の選挙では，候補者の多くが，同じ意見をもった人々の集まりである政党に所属して立候補します。政党に所属する理由を「**多数決**」という語句を使い，解答欄《らん》のことばに続けて書きなさい。

令和三年度 鹿児島修学館中学校入学者選抜試験 国語 解答用紙

受験番号

※100点満点

1

問1 A B C

問2

問3

問4

問5 Ⅰ Ⅱ Ⅲ

問6

問7

問1．2点×3
問2．2点
問3．4点
問4．2点
問5．Ⅰ．2点
Ⅱ．2点
Ⅲ．3点
問6．3点×2
問7．8点

小計

2

問1

問2 A B

問3

問4

問5

問6

問7

問1．4点
問2．2点×2
問3．5点
問4．6点
問5．3点
問6．5点
問7．8点

小計

3

問1
(1) む
(2) ぐ
(3)
(4)
(5)
(6)
(7) ける
(8) たい
(9)
(10)

問2 ① ②

問3 ① ② ③

問1．2点×10
問2．2点×2
問3．1点×6

小計

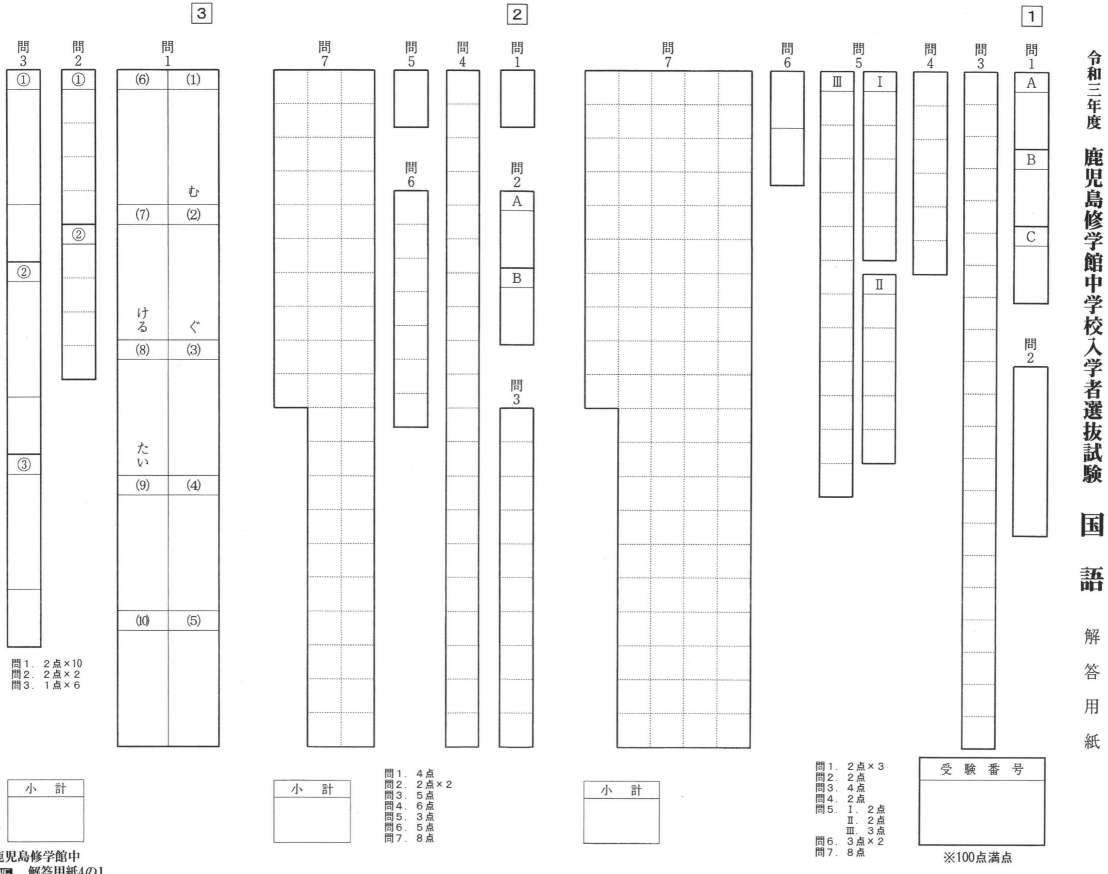

令和３年度　鹿児島修学館中学校入学者選抜試験

算　　数　解答用紙

受験番号	

※100点満点

1

(1)		(2)		(3)		(4)	
(5)		(6)		(7)		(8)	

３点×８
1の小計

2

(1)		(2)	秒速　m	(3)	通り	(4)	人
(5)	円	(6)	cm	(7)	通り	(8)	日間
(9)	回	(10)					

４点×10
2の小計

3

(1)	度	(2)	度	(3)	cm^2	(4)	cm
(5)	cm^2	(6)	cm^2				

４点×６
3の小計

4

(1)		(2)		(3)	第　群	番目
(4)	個					

３点×４ ((3)は完答)
4の小計

令和３年度　**鹿児島修学館中学校入学者選抜試験**

理　　科　解 答 用 紙

受験番号	

※50点満点

1

(1)	
(2)	
(3)	

(1)３点
(2)２点
(3)８点

1の小計

2

(1)				
(2)		(3)		
(4)	①		②	
(5)				

(1)３点
(2)２点
(3)２点
(4)①２点　②１点
(5)２点

2の小計

3

(1)				
(2)	①		②	
(3)				
(4)	①			
	②			

２点×６

3の小計

4

(1)	g	(2)	cm		
(3)	cm	(4)	g	(5)	cm

(1)(2)２点×２
(3)〜(5)３点×３

4の小計

令和３年度　鹿児島修学館中学校入学者選抜試験

社　会　解答用紙

受験番号	

※50点満点

1

問1	1	2	3	問2

問3	問4	記号	理由

問5	(1)	(2)

問１．１点×３
他…２点×６
1の小計

2

問1	問2	(1)	(2)	問3
		工業地帯		

問4

２点×５
2の小計

3

問1	1	2	問2

問3	問4

問5	問6

問7

問8　→　→　→　→

問１，問２，
問３，問５…１点×５
他…２点×４
3の小計

4

問1	1	2
		歳

問2	問3	問4

問5　国会や地方議会では，

２点×６
4の小計